AF452162

TIR

QUESTIONNAIRE

LORIENT

Typographie de Victor AUGER,
100, Rue du Port.

1861

PREMIÈRE PARTIE.

Nomenclature, Démontage, Remontage, Entretien, Nettoyage et Graissage.

Iʳᵉ LEÇON.

De la Carabine et de son canon.

Qu'est-ce que la carabine?

La carabine est une arme à canon rayé, dans laquelle la balle, de forme oblongue, se force sous l'action des gaz de la poudre.

Combien distingue-t-on de parties dans la carabine?

Dans la carabine on distingue six parties, qui sont:
1° Le canon.
2° La platine.
3° La monture.
4° Les garnitures.
5° La baguette.
6° Le sabre-baïonnette.

Qu'est-ce que le canon?

Le canon, partie principale de l'arme, est une lame de fer forgée, roulée et soudée en forme de tube. Le canon est destiné à recevoir la charge, à diriger la balle et à porter le sabre-baïonnette.

Que remarque-t-on dans le canon?

1° L'âme.
2° La bouche.
3° Les rayures.
4° Le tonnerre.

Qu'est-ce que l'âme?

Vide intérieur compris entre les parois du canon; limité à l'une de ses extrémités par la tranche de la bouche et à l'extrémité opposée par le bouton de culasse. Son diamètre est de 17 millimètres 8/10. L'âme reçoit la charge.

Qu'est-ce que la bouche?

Ouverture par laquelle on introduit la charge : la tranche en est arrondie intérieurement et extérieurement.

A quoi servent les rayures?

Les rayures en hélice servent à donner de la justesse à la balle : elles sont au nombre de quatre, au pas de deux mètres. Largeur, 7 millimètres ; profondeur au tonnerre, 5/10 de millimètre et 3/10 seulement à la bouche.

Comment les rayures donnent-elles de la justesse au tir?

En forçant la balle à tourner dans le canon ; ce mouvement de rotation qu'elle conserve dans son trajet dans l'air est absolument nécessaire à la justesse du tir.

Qu'est-ce que le tonnerre?

Partie renforcée du canon destinée à recevoir la charge, et qui doit plus particulièrement résister à l'explosion de la poudre.

Qu'y remarque-t-on?

Cinq pans qui servent à maintenir le canon dans son logement.

On les nomme : Pan supérieur, pans latéraux, pans intermédiaires.

Qu'est-ce que la culasse?

La culasse est une pièce en fer qui limite l'âme du côté opposé à la bouche.

De combien de parties est-elle composée?

De deux parties :

1o Le bouton fileté qui se visse de droite à gauche dans la boîte taraudée et sert à fermer le tonnerre.

2o La queue de culasse qui sert à fixer le canon sur la monture.

Que distingue-t-on dans la queue de culasse?

On remarque dans la queue de culasse : 1o Le talon. 2o Le trou fraisé de la vis de culasse.

Que remarque-t-on sur le canon du côté de la bouche?

Sur le canon, du côté de la bouche, on remarque :

1o Le guidon et son embase brasée sur le canon.

2o Le tenon du sabre-baïonnette, son bouton, sa directrice brasée sur le canon.

A quoi sert le guidon?

Le guidon sert, avec la hausse, à déterminer les lignes droites employées pour diriger l'arme dans le tir.

A quoi sert le tenon?

Le tenon sert à fixer le sabre-baïonnette au bout du canon.

Que remarque-t-on sur le canon du côté de la culasse?

1o La hausse.
2o La masselotte.
3o La cheminée.

A quoi sert la hausse, et de combien de pièces se compose-t-elle?

La hausse sert, avec le sommet du guidon, à déterminer les lignes droites employées pour diriger l'arme dans le tir : elle se compose de trois pièces réunies par charnière, savoir : 1o Le pied en fer brasé sur le canon. 2o La planche en acier. 3o La goupille de charnière.

Que remarque-t-on dans le pied de la hausse?

On remarque : 1o Le ressort, son talon, sa griffe. 2o Le logement du ressort. 3o La base du talon de la planche. 4o Les deux œils de la charnière et leur trou de goupille.

Que remarque-t-on sur la planche mobile?

Sur la planche mobile, on remarque :
1o Les côtés.
2o La partie supérieure.
3o La partie inférieure.
4o La fente.
5o Le curseur.
6o L'arrêtoir.

Que remarque-t-on sur la partie inférieure de la planche?

Sur la partie inférieure de la planche, on remarque :
1o Le pied de la planche.
2o Le talon.
3o L'œil du pied et son trou de goupille.

Qu'est-ce que le curseur?

Petite pièce mobile en acier qui joue sur la planche en s'y maintenant par son propre ressort ; il sert à régler le tir à partir de 350 mètres jusqu'à 1,000 mètres.

Que distingue-t-on dans le curseur?

On y distingue : 1o Le cran de mire. 2o Les rebords. 3o Le bord inférieur. 4o Les bords latéraux supérieurs à hauteur du fond du cran de mire.

Qu'est-ce que l'arrêtoir?

L'arrêtoir est une petite vis sans tête et sans fente débordant la planche ; il retient le curseur sur la hausse.

Qu'est-ce que la masselotte?

La masselotte est une pièce en acier soudée au canon, qui contient un trou taraudé dans lequel se visse la cheminée.

Qu'est-ce que la cheminée?

Une pièce en acier destinée à recevoir la capsule.

Que remarque-t-on dans la cheminée?

Le canal qui aboutit à la lumière et qui transmet à la charge de poudre, par la lumière, le feu du jet fulminant de la capsule.

La partie filetée qui se visse dans le trou taraudé de la masselotte.

L'embase qui repose sur la masselotte.

Le carré qui donne prise à la clef pour visser et dévisser la cheminée.

Le tronc de cône que coiffe la capsule et à l'extrémité duquel on remarque intérieurement la fraisure, extérieurement le chanfrein.

A quoi sert le chanfrein de la cheminée?

Le chanfrein donne à la partie supérieure de la cheminée un taillant suffisant pour couper le verni qui recouvre la poudre fulminante au fond de la capsule.

IIe LEÇON.

De la Platine.

Qu'est-ce que la platine?

La platine est un mécanisme au moyen duquel la force d'un ressort est employée à faire détonner par percussion la poudre fulminante d'une capsule.

De combien de pièces se compose la platine ?

La platine se compose de dix pièces, qui sont :
1° Le corps.
2° Le ressort.
3° La chaînette.
4° La noix.
5° La vis de noix.
6° La bride.
7° et 8° Les deux vis de bride.
9° La gâchette.
10° Le chien.

Qu'est-ce que le corps de platine?

Le corps de platine est une pièce en fer cémenté sur laquelle sont assemblées les neuf autres pièces de la platine.

Que distingue-t-on dans le corps de platine ?

Dans le corps de platine, on distingue :
1° Le devant.
2° Le derrière.
3° Les deux trous taraudés des vis de bride.
4° Les quatre trous non taraudés de l'arbre de la noix, de la grande vis de platine, des pivots de ressort et de gâchette.
5° La fraisure échancrée du derrière.
6° L'épaulement du ressort.

Qu'est-ce que le ressort?

Le ressort en acier est le moteur du mécanisme de la platine ; il se compose d'une grande branche et d'une petite branche.

Quelle est la fonction de la grande branche du ressort?

La grande branche, terminée par une griffe fendue, imprime au chien, par l'intermédiaire de la chaînette et de la noix en se débandant, un mouvement de rotation.

Quelle est la fonction de la petite branche du ressort?

La petite branche, sur laquelle on remarque le pivot et le tenon, fait fonction de ressort de gâchette ; elle presse sur la gâchette pour la maintenir ou pour l'engager dans les crans de la noix.

Qu'est-ce que la chaînette ?

La chaînette est une petite pièce en acier, qui unit par articulation le ressort à la noix.

Que distingue-t-on dans la chaînette ?

On distingue dans la chaînette :
1o Le corps.
2o Le double pivot qui la réunit à la noix.
3o Le double pivot qui la réunit à la griffe du ressort.

Quelle est la fonction de la noix ?

La noix en acier a pour fonction de communiquer au chien le mouvement de rotation qu'elle reçoit du ressort par l'intermédiaire de la chaînette.

Que distingue-t-on dans la noix ?

Dans la noix, on distingue :
1o Le corps.
2o L'arbre.
3o Le pivot.

Que remarque-t-on dans le corps de la noix ?

Dans le corps de la noix, on remarque :
1o Le cran de bandé ou de départ.
2o Le cran de sûreté.
3o L'entaille de la chaînette.
4o L'embase.
5o Le talon.

A quoi sert le cran de bandé ?

Le cran de bandé règle la tension du ressort et fixe la position d'où le chien s'abat pour frapper la capsule.

A quoi sert le cran de sûreté ?

Le cran de sûreté a pour fonction de prévenir les dangers qui résultent d'une percussion accidentelle exercée sur la capsule.

Comment le cran de sûreté peut-il empêcher que le coup parte involontairement ?

Le cran de sûreté a été calculé de manière que si le chien s'abat de ce cran, il ne puisse fournir un choc assez fort pour écraser la capsule, et s'il était relevé par une cause accidentelle, il le serait jusqu'au cran du bandé où il resterait ; ou enfin, s'il n'était pas relevé jusqu'à ce dernier cran, il retomberait au cran de sûreté ; dans l'un et l'autre cas le coup ne partirait pas.

A quoi sert le talon de la noix ?

Le talon de la noix, en appuyant sur l'un des cylindres de la bride, limite le mouvement de la noix quand on arme.

Que remarque-t-on dans l'arbre de la noix ?

On remarque dans l'arbre de la noix :
1o Le six-pans sur lequel se place le chien.
2o Le trou taraudé de la vis de noix (à son extrémité).

Qu'est-ce que l'arbre et le pivot de la noix ?

L'arbre et le pivot sont deux cylindres de diamètres différents, mais ayant le même axe autour duquel la noix et le chien tournent dans leur mouvement commun.

A quoi sert la vis de noix ?

La vis de noix fixe le chien sur le six-pans.

A quoi sert la bride de noix ?

La bride de noix est une pièce en fer cémenté, destinée à servir de support aux pivots de la noix et de la gâchette.

Que distingue-t-on dans la bride de noix ?

Dans la bride de noix on distingue :

1o Le corps dans lequel sont percés les trous des pivots de la noix et de la gâchette.

2o Les deux cylindres par l'extrémité desquels la bride s'appuie sur le corps de platine. Ces deux cylindres sont percés chacun d'un trou pour le passage des vis de bride.

A quoi servent les vis de bride ?

Les vis de bride fixent la bride contre le corps de platine.

Comment distingue-t-on les vis de bride ?

La vis supérieure est marquée d'un coup de pointeau sur la tête.

Qu'est-ce que la gâchette ?

La gâchette est une pièce en acier destinée à laisser agir le ressort ou à en suspendre l'action, suivant qu'on la dégage des crans de la noix ou qu'on l'engage dans l'un de ces crans.

Que distingue-t-on dans la gâchette ?

Dans la gâchette on remarque :

1o Le corps.

2o Le pivot.

3o Le bec qui engrène avec les crans de la noix.

4o La queue, qui reçoit l'action de la détente.

Quelle est la fonction du chien ?

Le chien, pièce en fer cémenté, fait l'office de marteau dans la percussion.

Que distingue-t-on dans le chien ?

On distingue dans le chien :

1o Le corps et son trou à six-pans.

2o La tête fraisée, qui frappe sur la cheminée, entoure la capsule, en arrête les éclats au moment de la percussion.

3o La crête quadrillée par laquelle on saisit le chien, pour le soutenir, quand on l'abat sur la cheminée ou pour le mettre à l'un des deux crans.

Quel est le métal employé pour les pièces de la platine ?

Les pièces de la platine sont en acier, excepté le corps, le chien et la bride de noix, qui sont en fer cémenté.

Expliquez le mécanisme de la platine ?

En appuyant le premier doigt de la main droite sur la touche recourbée de la détente, le corps ou la planche de cette détente fait effort sur la queue de gâchette et dégage le bec du cran de bandé de la noix. Alors la grande branche du ressort se débande, imprime à la noix, par l'intermédiaire de la chaînette, un mouvement de rotation que suit le chien fixé sur le six-pans de la noix. Le chien frappe sur la capsule et détermine l'inflammation de l'amorce.

IIIe LEÇON.

De la Monture.

Qu'est-ce que la monture? — La monture est une pièce en bois de noyer, sur laquelle les autres parties de l'arme sont réunies, fixées et disposées, suivant les exigences du tir et du maniement d'armes.

Combien distingue-t-on de parties principales dans la monture ? — Dans la monture, on distingue trois parties principales, qui sont :
1o Le fût.
2o La poignée.
3o La crosse.

Qu'est-ce que le fût ? — Le fût est la partie dans laquelle est logé le canon.

Que remarque-t-on dans le fût ? — Dans le fût on remarque :
1o Le logement du canon.
2o Le canal de la baguette.
3o L'embase de la grenadière.
4o Les encastrements des ressorts d'embouchoir et de grenadière.
5o Le logement du resssort de baguette.
6o Les trous de goupilles de ces trois ressorts.
7o L'encastrement de la rosette, écrou de la vis de platine.
8o Les deux trous des vis de culasse et de platine.

Comment se termine le fût ? — Le fût se termine par le logement de la queue de culasse, dont l'entrée forme les oreilles du bois.

A quoi sert la poignée ? — La poignée sert à saisir et à manier facilement la carabine.

Que remarque-t-on dans la poignée ? — Dans la poignée :
1o Sur la droite, l'encastrement de la platine, qui se prolonge sur le fût.
2o Au-dessous de la poignée, l'encastrement de l'écusson, qui est aussi creusé en partie dans le fût et qui se prolonge jusqu'à la crosse.
3o Le trou de la vis à bois, crochet de platine.

A quoi sert la crosse ? — La crosse sert à appuyer l'arme à l'épaule dans le tir.

Que remarque-t-on dans la crosse?

Dans la crosse, on remarque :

1° Le busque, qui raccorde la crosse à la poignée.

2° Le trou de la vis à bois de sous-garde.

3° L'encastrement de l'embase du battant de crosse.

4° Les deux trous des vis à bois du battant de crosse.

5° L'encastrement du devant de la plaque de couche.

6° Les deux trous des vis à bois de la plaque de couche.

7° Le bec de la crosse, angle du côté de la sous-garde.

8° Le talon de la crosse, angle du côté du canon.

IVe LEÇON.

Des Garnitures.

Qu'est-ce que les garnitures ?

Les garnitures de la carabine sont des pièces en fer ou en acier, différentes par leurs formes et par leurs fonctions, mais qui servent généralement à relier entre elles les parties principales de l'arme, à donner le départ à la platine et à renforcer la monture.

De combien de pièces se composent les garnitures ?

Les garnitures se composent de 22 pièces.

A quoi sert l'embouchoir?

L'embouchoir relie le canon à l'extrémité du fût.

Que remarque-t-on dans l'embouchoir?

On remarque dans l'embouchoir :

1° L'entonnoir, qui aboutit à l'entrée du canal de la baguette.

2° La fente, qui livre passage au tenon de la baïonnette et au guidon, lorsqu'on ôte ou qu'on place l'embouchoir.

3° Le trou du pivot du ressort d'embouchoir.

4° Les coulisses, qui reposent sur les bords de la monture.

5° Le bec.

A quoi sert le ressort d'embouchoir?

Le ressort d'embouchoir, en acier, sert à maintenir l'embouchoir en place. On remarque à son extrémité le pivot, qui entre dans le trou de l'embouchoir.

A quoi sert la grenadière?

La grenadière relie le fût et le canon et porte l'un des battants dans lesquels passe la bretelle.

Que distingue-t-on dans la grenadière?

Dans la grenadière, on distingue :
1o Les coulisses.
2o Le bec.
3o Le pivot du battant.
4o Le battant, son rivet, son anneau, les rosettes de l'anneau.

A quoi sert le ressort de grenadière?

Le ressort de grenadière, en acier, retient, par son épaulement, la grenadière sur son embase.

A quoi sert le ressort de baguette?

Le ressort de baguette maintient la baguette dans son canal.

Que distingue-t-on dans le ressort de baguette?

Dans le ressort de baguette, on distingue :
1o Le cuilleron.
2o Le pontet, encastrement de la goupille.

A quoi sert la goupille du ressort de baguette?

La goupille maintient le ressort dans son logement.

Quelle fonction remplit la rosette?

Celle d'écrou de la vis de platine.

Que nomme-t-on sous-garde?

La sous-garde est l'assemblage de l'écusson, du pontet et de la détente.

A quoi sert l'écusson?

L'écusson renforce la poignée, porte la détente et le pontet; il forme par l'une de ses parties le fond du canal de la baguette ; par une autre, il sert d'écrou à la vis de culasse.

Que distingue-t-on dans l'écusson?

Dans l'écusson, on distingue :
1o Le taquet et sa fraisure, qui forme le fond du canal de baguette.
2o Le trou taraudé de la vis du pontet.
3o La boutcrolle, partie renforcée et percée du trou taraudé de la vis de culasse.
4o Les ailettes, qui servent de support à la vis pivot de la détente.
5o La fente, dans laquelle passe la détente.
6o La mortaise du crochet à bascule du pontet.
7o Les deux élévations qui donnent prise à la main saisissant la poignée.
8o Le trou fraisé de la vis à bois.

A quoi sert la vis à bois de sous-garde?

La vis à bois de sous-garde fixe l'écusson à la monture.

A quoi sert le pontet?

Le pontet garantit la détente des chocs accidentels.

Que remarque-t-on dans le pontet ?

On remarque dans le pontet :
1° Le corps.
2° Le crochet à bascule.
3° Le nœud et son trou, par lequel passe la vis.

A quoi sert la vis du pontet ?

La vis du pontet lie le pontet à l'écusson.

Qu'est-ce que la détente ?

La détente est un levier coudé et à pivot, qui transmet l'action du doigt à la gâchette.

Que distingue-t-on dans la détente ?

On distingue dans la détente :
1° Le corps ou la planche.
2° La touche recourbée.

A quoi sert la vis de détente ?

La vis de détente sert de pivot fixe, soutenu par les ailettes de l'écusson.

A quoi sert le battant de crosse ?

Le battant de crosse, comme le battant de grenadière, porte la bretelle.

Que remarque-t-on sur le battant de crosse ?

Sur le battant de crosse, on distingue :
1° L'embase percée de deux trous.
2° Le rivet, l'anneau et ses rosettes.

A quoi servent les vis du battant de crosse ?

Les vis du battant de crosse fixent l'embase sur la crosse.

A quoi sert la plaque de couche ?

La plaque de couche garantit la base de la crosse des chocs qu'elle éprouve dans le service.

Que distingue-t-on dans la plaque de couche ?

On distingue dans la plaque de couche :
1° Le devant, son trou fraisé.
2° Le dessous, son trou fraisé.
3° Le talon, qui garnit le talon de la crosse.
4° Le bec, qui garnit le bec de la crosse.

A quoi servent les deux vis à bois de la plaque de couche ?

Les deux vis à bois de la plaque de couche servent à fixer cette pièce à la crosse.

A quoi sert la vis de culasse ?

La vis de culasse, en acier, relie le canon, l'écusson et la monture.

A quoi sert la vis de platine ?

La vis de platine, en acier, relie le devant de la platine à la monture.

A quoi sert la vis à bois crochet de platine ?

La vis à bois crochet de platine, en acier, sert à maintenir le derrière de la platine.

En quel métal sont les vis à bois ?

Les vis à bois sont en fer, à l'exception de la vis crochet de platine ; cette vis, ainsi que toutes les autres, sont en acier.

De quoi se composent les vis en général ?

Les vis en général se composent :
1° De la tête et sa fente.
2° De la tige et ses filets.

Comment distingue-t-on la vis à bois crochet de platine ?

La vis crochet de platine est la seule qui, au lieu d'une fente, ait deux trous percés sur la tête.

Quelle est la forme des têtes des vis ?

Les têtes des vis à bois sont en goutte de suif ; celles de toutes les autres sont plates.

Ve LEÇON.

De la Baguette.

A quoi sert la baguette ?

La baguette en acier sert à introduire la balle dans le canon, à laver, essuyer, graisser l'intérieur du canon, retirer la balle et les corps étrangers qui pourraient intercepter la communication du feu.

Que distingue-t-on dans la baguette ?

On distingue dans la baguette :
1o La tête fraisée, le méplat, les bords arrondis de la fraisure, le trou destiné à recevoir le chasse-noix.
2o La tige.
3o Le bout fileté.

Du Sabre-Baïonnette.

A quoi sert la baïonnette ?

Le sabre-baïonnette fixé au bout du canon, fait de la carabine une arme de main.

De combien de parties principales le sabre-baïonnette se compose-t-il ?

Le sabre-baïonnette se compose de trois parties principales, qui sont :
1o La monture.
2o La lame.
3o Le fourreau.

Que distingue-t-on dans la monture ?

Dans la monture on distingue :
1o La poignée à cordons en laiton, son pommeau, son bec.
2o La rainure dans laquelle s'engage le tenon.
3o Le logement du ressort et du bouton.
4o Le ressort en acier et son rivet, qui traverse la poignée.
5o Le bouton, son entaille et son arrêtoir.

A quoi sert l'arrêtoir ?

L'arrêtoir s'engage dans le tenon et fixe le sabre-baïonnette au bout du canon.

Comment retire-t-on le sabre-baïonnette ?

Le bouton étant en contact avec l'extrémité du ressort, en pressant sur le bouton pour bander le ressort, on dégage l'arrêtoir et on livre passage au tenon.

Que distingue-t-on encore dans la monture ?

La croisière en fer, sa branche, son quillon, la douille du quillon qui entoure le bout du canon.

Quelle est la forme de la lame ?	La lame en acier, à deux courbures, en forme de yatagan.
Que distingue-t-on dans la lame ?	Dans la lame on distingue :

Dans la lame on distingue :

1º La soie qui réunit la lame à la monture. La soie traverse la croisière et la poignée, elle est rivée sur le pommeau. Elle est, en outre, maintenue par un rivet fixé sur les côtés de la poignée.

2º Le talon, par lequel la lame s'appuie contre la croisière.

3º Le dos légèrement arrondi.

4º Les pans creux, évidement pratiqué des deux côtés de la lame.

5º Le tranchant.

6º Le biseau, partie de la lame tranchante du côté du dos.

7º La pointe.

Que distingue-t-on dans le fourreau ?

Dans le fourreau en tôle d'acier on remarque :
1º Le dos,
2º Le devant,
3º Le bouton,
4º Le pontet,
5º La cuvette, ses battes et ses clous rivés.

Quelle est la longueur du canon ?

La longueur du canon mesurée de la tranche du tonnerre à la tranche de la bouche est de 0^m 868.

Quelle est la longueur de la lame de baïonnette ?

La longueur de la lame de baïonnette, mesurée de la bouche du canon à la pointe, est de cinq cent soixante-douze millimètres. . . . . 0^m 572

Quelle est la longueur totale de l'arme ?

La longueur de la carabine, mesurée de la pointe de la baïonnette à l'extrémité de la crosse, est de un mètre huit cent trente-cinq millimètres 1^m 835

Quel est le poids de la carabine sans baïonnette ?

Le poids de la carabine, sans baïonnette, est de. . . . . 4^k 265

Quel est le poids du sabre-baïonnette ?

Le poids du sabre-baïonnette est de   0   775

Quel est le poids total de l'arme ?

La carabine armée de son sabre pèse   5^k 040

VIᵉ LEÇON.

Des accessoires de la Carabine.

Qu'appelle-t-on accessoires de la carabine ?

On appelle accessoires de la carabine divers objets dont le soldat doit être muni, pour entretenir sa carabine, la démonter et la remonter.

Quels sont les principaux accessoires ?

Les principaux accessoires sont :
Le nécessaire d'armes.
Le tire-balle.

Que remarque-t-on dans le nécessaire d'armes ?

On y remarque, savoir :
La boîte, son fond et sa fente.
Le tampon en bois placé sous la fente qui sert à maintenir la lame du tournevis.
L'huilier, sa vis bouchon et sa rondelle en cuir.

Quels objets y sont renfermés, et que remarque-t-on sur chacun d'eux ?

Ces objets sont les suivants :
Le tournevis, sa lame, ses bouts.
Le bourre-noix, la tige, la tête, le trou.
Le chasse-noix, le gros bout, le petit bout.
La trousse en drap.

De combien de parties se compose le tire-balle ?

Le tire-balle se compose de deux parties vissées l'une sur l'autre ; ces parties sont :
Le tire-fond.
Le tire-bourre.

Quel est l'objet du tire-fond et qu'y remarque-t-on ?

Le tire-fond sert à extraire les balles ; on y remarque :
Les doubles filets.
La tige taraudée.
L'embase.
Le trou.

Quelle fonction est attribuée au tire-bourre et qu'y remarque-t-on ?

Le tire-bourre sert à extraire le papier de la cartouche ; on y remarque :
La tête.
Le trou taraudé.
Les branches.

Indépendamment des accessoires principaux, le soldat ne doit-il pas être pourvu d'autres accessoires de moindre importance ?

Indépendamment des accessoires principaux, dont il vient d'être question, le soldat doit encore être pourvu de :
1º Un bouchon de canon, pour empêcher l'introduction de l'humidité, de la pluie et de la poussière dans le canon.
2º Un tampon en nerf de bœuf, destiné à recouvrir la cheminée et à la préserver du choc du chien dans les feux à blanc.
3º Deux petites boîtes en fer blanc, l'une pour la graisse, l'autre pour le cirage employé pour l'entretien d'une partie de l'équipement.
4º Une petite brosse douce, à manche.
5º Une pièce grasse, morceau de drap de 15 à 20 centimètres de côté.
6º Un morceau de vieux linge.
7º Des curettes de bois tendre.

Dans quel cas délivre-t-on deux cheminées de rechange au soldat ?

Lorsqu'il entre en campagne.

Quels sont les accessoires confiés au caporal pour le service de son escouade ?

Il est confié au caporal, pour le service de son escouade :
1º Un monte-ressort.
2º Une clef de cheminée.

Que distingue-t-on dans le monte-ressort ?

On distingue dans le monte-ressort :
1º Le corps, sa griffe, l'entaille de sa griffe, sa fente, son trou taraudé.
2º La barette, son trou taraudé, son crochet, sa patte.
3º La grande vis.
4º La petite vis.

Que remarque-t-on dans la clef de cheminée ?

Dans la clef de cheminée on remarque :
1º Le manche en bois.
2º La clef, son trou carré, la virole, la rondelle, la soie rivée sur la rondelle.

VIIᵉ LEÇON.

Démontage et Remontage de la Carabine et de la Platine,

Quelle attention faut-il avoir quand on se sert du tournevis ?

Quand on se sert du tournevis, il faut bien assujétir la carabine, agir avec le tournevis en ayant soin de le maintenir avec le premier doigt de la main droite dans la position qui risque le moins de le faire glisser et qui permette de suivre des yeux les mouvements de la lame.

Quelle est la position que le soldat prend le plus fréquemment pour démonter et remonter son arme ?

La position nº 1.

En quoi consiste la position nº 1 ?

Cette position consiste à tenir la carabine de la main gauche, le bout du canon reposant sur du bois ou sur un chiffon plié en quatre, la crosse appuyée contre l'épaule gauche.

Dans quel ordre démonte-t-on la carabine ?

On démonte la carabine dans l'ordre suivant :
1º La baguette.
2º La grande vis de platine.
3º La platine.
4º L'embouchoir.
5º La vis de culasse.
6º La grenadière.
7º Le canon.

Doit-on ôter la rosette, écrou de la vis de platine ?

La rosette, écrou de la vis de platine, ne doit être enlevée que dans le cas où elle ne peut être nettoyée en place.

Le soldat peut-il démonter les pièces de la sous-garde ?

Les pièces de la sous-garde ne se démontent qu'en présence d'un sous-officier et sur l'ordre d'un officier.

Dans quel ordre démonte-t-on la sous-garde ?

Les pièces de la sous-garde se démontent dans l'ordre suivant :

1º La vis de pontet.
2º Le pontet.
3º La vis de sous-garde.
4º L'écusson.
5º La vis de détente.
6º La détente.

Quelles sont les pièces que le soldat ne doit jamais démonter ?

Le soldat ne doit jamais enlever les pièces de la hausse, la culasse, la cheminée, la plaque de couche, les ressorts de garnitures, la vis crochet de platine et le battant de crosse. Ces pièces se nettoient en place.

Dans quel ordre remonte-t-on la sous-garde et la carabine ?

On remonte la sous-garde et la carabine dans l'ordre inverse, en commençant par la dernière pièce enlevée.

Dans quel ordre démonte-t-on la platine ?

Lorsqu'on devra démonter la platine, on enlèvera les pièces dans l'ordre suivant :

1º Le ressort.
2º Les deux vis de bride.
3º La bride.
4º La gâchette.
5º La vis de noix.
6º La noix et le chien.
7º La chaînette.

Dans quel ordre remonte-t-on la platine ?

On remontera la platine dans l'ordre inverse, en commençant par la chaînette, la noix, etc.

VIIIᵉ LEÇON.

Observations relatives à la manière d'enlever et de placer quelques pièces de la carabine.

Quelle attention doit-on avoir quand on démonte la carabine ?

Quand on démonte la carabine, il faut, à mesure qu'on enlève les pièces, les mettre en ordre afin de ne pas les égarer.

Quelle position prend-on pour enlever la grande vis de platine ?

Pour ôter la grande vis de platine, on prend la position n° 1, la sous-garde du côté du corps.

Comment la main gauche maintient-elle l'arme ?

Fortement et la paume servant d'appui à la rosette.

Avec quoi détourne-t-on la vis et comment la retire-t-on ?

On la détourne avec le tournevis et on la retire avec la main.

Que fait-on d'abord quand on veut ôter la platine ?

Pour ôter la platine, mettre le chien au bandé, puis reprendre la position n° 1.

Que doivent faire la main gauche et l'extrémité de ses doigts ?

La main gauche serre la poignée, l'extrémité des doigts maintient un peu le derrière de la platine.

Que faut-il faire pour enlever la platine ?

Saisir le chien de la main droite, faire pivoter la platine autour de sa vis-crochet, l'enlever et mettre le chien à l'abattu.

Comment tient-on la platine pour mettre le chien à l'abattu ?

Pour mettre le chien à l'abattu, on tient le derrière de la platine de la main gauche.

Que faut-il faire avec le pouce de la main droite et les deux premiers doigts ?

Appuyer sur la queue de la gâchette avec le pouce de la main droite, les deux premiers doigts entourant la crête du chien pour ralentir le mouvement.

Que faut-il faire pour enlever la rosette, écrou de la vis de platine ?

Pour ôter la rosette, enfoncer la grande vis de platine dans son trou, pousser doucement et droit, avec cette vis, la rosette hors de son encastrement.

Quelle position faut-il prendre pour ôter la vis du pontet ?

Pour ôter la vis du pontet, prendre la position n° 1, la rosette tournée du côté du corps, la main gauche à la poignée, détourner la vis et la retirer.

Comment ôte-t-on le pontet ?

En le faisant pivoter autour de son crochet à bascule.

Comment ôte-t-on l'embouchoir ?

Pour ôter l'embouchoir, placer l'arme debout, la crosse à terre entre les pieds, la fente de l'embouchoir du côté du corps.

Que doivent faire les doigts de la main gauche ?

Presser le ressort avec le pouce de la main gauche, les autres doigts entourant le canon et le fût.

Que doit faire la main droite ?

Soulever l'embouchoir de la main droite à pleine main, l'enlever doucement en le faisant tourner de manière que sa fente donne passage au tenon et au guidon.

Quelle précaution prend-on pour ôter la vis de culasse ?

Pour ôter la vis de culasse, prendre la position n° 1, la platine du côté du corps.

Que doit faire la main gauche ; que fait la main droite ?

La main gauche serrant la poignée et appuyant sur le pontet, détourner la vis avec la main droite et l'enlever.

Quelle position prend-on pour ôter la grenadière, et en quoi consiste la position n° 2 ?

Pour ôter la grenadière, prendre la position n° 2, qui consiste à placer le talon de la crosse à terre, le fût sous le bras droit.

Que doit faire le pouce de la main droite, et avec quelle main enlève-t-on la grenadière ?

Presser le ressort avec le pouce de la main droite, soulever la grenadière avec la main gauche à pleine main.

Que fait-on d'abord quand on veut ôter le canon ?

Pour ôter le canon, placer la carabine dans la main gauche, la hausse couchée dans la paume de la main, le canon en dessous, la bouche inclinée vers la terre.

Que faut-il faire pour dégager le canon de son logement ?

Frapper avec la main droite sur la poignée jusqu'à ce que le canon se dégage de son logement.

Que faut-il faire s'il ne se dégage pas facilement ?

Si cela ne suffit pas, frapper quelques petits coups du bout du canon sur du bois, la main droite à la poignée, la main gauche soutenant la carabine.

Quelle position prend-on pour enlever la vis de sous-garde ?

Pour enlever la vis de sous-garde, prendre la position n° 1, la rosette du côté du corps.

Comment est placée la main gauche, et avec quelle main retire-t-on la vis ?

La main gauche entourant la poignée et touchant le pontet. Détourner la vis avec la main droite et la retirer.

Comment retire-t-on l'écusson ?

Pour ôter l'écusson, engager le crochet du pontet dans sa mortaise et agir par de petits mouvements de bascule.

Que faut-il faire si l'écusson tient trop fortement ?

Si l'écusson tient trop fortement, il faut engager la vis de culasse dans son trou et la pousser sans la faire tourner.

Quand on place la grenadière, de quel côté doit se trouver le bec ?

Quand on place la grenadière, le bec doit se trouver du côté de la bouche du canon.

Quel soin doit-on avoir quand on place la vis de culasse ?

En plaçant la vis de culasse, il faut avoir soin d'appuyer fortement avec la main gauche la sous-garde sur le bois, pour que les filets s'engagent bien dans le taraudage de l'écusson.

Que résulterait-il si on négligeait cette précaution ?

Sans cette précaution, le taraudage serait vite détérioré.

Comment place-t-on la platine ?

Pour placer la platine : 1° Il faut mettre le chien au cran de bandé et disposer la détente pour qu'elle laisse l'entrée libre à la queue de gâchette. 2° Engager l'échancrure de la queue de platine sous la tête de la vis crochet, faire pivoter la platine et la mettre à fond dans son encastrement.

Que faut-il faire quand la grande vis est serrée ?

Dès que la grande vis est serrée à fond, mettre le chien à l'abattu.

Comment les vis doivent-elles être serrées, et quelle attention doit-on avoir quand on serre la vis de détente ?

En général, les vis doivent être serrées à fond : il faut agir avec ménagement sur la vis de détente, afin de ne pas gêner le jeu de cette pièce.

IXe LEÇON.

Observations relatives à la manière d'enlever les pièces de la platine et de les replacer.

Comment doit-on mettre le chien quand on veut enlever le ressort ?

Il faut mettre le chien à l'abattu.

Comment dispose-t-on le monte-ressort ?

Placer l'épaulement dans l'entaille de la griffe du monte-ressort, la barette sur la grande branche, le crochet à la jonction des deux branches.

Comment tourne-t-on la grande vis du monte-ressort ?

Tourner la grande vis du monte-ressort très-lentement et juste autant qu'il le faut pour pouvoir dégager la chaînette.

Comment enlève-t-on le ressort ?

En le faisant tourner autour de son pivot pour l'enlever en faisant effort perpendiculairement à la face du corps de platine.

Comment desserre-t-on la vis du monte ressort pour dégager le ressort ?

Lentement.

Pour enlever les vis de bride, dans quelle main faut-il tenir la platine ?

Pour enlever les vis de bride, tenir la platine dans la main gauche.

Pour enlever la bride si elle ne peut être ôtée avec les doigts, que faut-il faire ?

Pour enlever la bride, si elle ne peut être ôtée avec les doigts, enlever la vis de noix et chasser la noix, séparer ensuite la bride de la noix.

Comment enlève-t-on la noix et le chien ?

Pour enlever la noix et le chien, engager le chasse-noix dans le trou de la vis de noix, l'y maintenir de la main gauche et frapper sur la tête à petits coups avec le nécessaire, du côté opposé à la fente.

Dans le remontage de la platine, quand on remet la chaînette, comment faut-il tenirla noix ?

Dans le remontage de la platine, pour remettre la chaînette, il faut tenir la noix entre le pouce et les premiers doigts de la main gauche, le logement de la chaînette à droite, le six-pans du côté du corps.

Comment place-t-on la chaînette ?

Saisir la chaînette avec le pouce et le premier doigt de la main droite, engager dans son logement le double pivot le plus court, de telle sorte que la plus courte partie de l'autre pivot soit du côté du corps.

Comment met-on la noix et le chien ?

Pour mettre la noix et le chien, il faut placer le corps de platine sur le chien, la crête abaissée autant que possible du côté du derrière de la platine.

Où doit se trouver le trou de l'arbre de la noix ?

Le trou de l'arbre de la noix, au-dessus du six-pans du chien.

Que faut-il faire quand on a placé le corps de platine sur le chien ?

Engager le six-pans de la noix dans le trou de l'arbre et dans le six-pans du chien.

Quel soin doit-on avoir quand on engage le six-pans de la noix dans le trou à six-pans du chien ?

Il faut avoir soin de tenir l'extrémité du talon de la noix à hauteur du trou de la vis inférieure de bride.

Que faut-il faire pour achever d'enfoncer le six-pans de la noix ?

Engager le pivot dans le trou du bourre-noix et frapper à petits coups sur la tête avec le nécessaire, du côté opposé à la fente.

Comment met-on le ressort ?

Pour mettre le ressort, placer le tenon dans l'entaille de la griffe du monte-ressort, la barette sur la grande branche, le crochet à la jonction des deux branches.

Quel soin doit-on avoir quand on dispose le ressort sur le monte-ressort pour le mettre en place ?

Avoir soin que la grande branche déborde un peu la barette sur toute sa longueur, et que la petite déborde de même un peu l'extrémité de la griffe.

Comment maintient-on le ressort sur le monte-ressort ?

En serrant légèrement la grande vis du monte-ressort.

Que faut-il faire quand on a serré le ressort ?

Engager le pivot à fond dans son trou en frappant sur le ressort avec la boîte du nécessaire, si toutefois il y a nécessité.

Que faut-il faire pour mettre le ressort en place ?

Placer l'épaulement dans l'entaille de la griffe, le derrière de la platine dans la main gauche, le pouce pressant sur la griffe, les deux premiers doigts de la main placés sous la platine et appuyant par leurs extrémités sur la barette.

Que faut-il faire quand on veut mettre la chaînette dans la griffe du ressort ?

Tourner lentement la grande vis du monte-ressort jusqu'à ce qu'on puisse engager la chaînette dans la griffe du ressort.

Que faut-il faire quand le ressort est assez serré ?

Faire tomber la chaînette dans la griffe du ressort et dévisser lentement le monte-ressort tant que le pivot de la chaînette n'est pas entièrement engagé dans la griffe du ressort.

Quelle attention faut-il avoir quand on serre le monte-ressort ?

Il faut avoir la plus grande attention de ne le serrer que juste ce qu'il faut pour engager ou dégager la chainette.

Quel soin doit-on avoir quand on place les vis de bride ?

Il faut avoir soin, en plaçant les vis de bride, de placer dans le trou supérieur celle qui est marquée d'un coup de pointeau sur la tête.

Quelle attention doit-on avoir quand on place la grande vis de platine, la vis le culasse et le chien ?

Il est essentiel de bien serrer à fond la grande vis, la vis de culasse, et que le chien soit à fond sur le six-pans de la noix.

Si l'on négligeait de mettre le chien à fond sur le six-pans, que résulterait-il ?

Sans cette précaution, le chien ne frapperait pas d'aplomb sur la cheminée.

Peut-on frapper les pièces de la carabine avec un objet en fer ?

Le soldat ne doit frapper aucune des pièces de la carabine avec un objet en fer, parce qu'il occasionnerait des mutilations.

Xᵉ LEÇON.

Préparation de la Graisse.

Avec quoi fait-on la graisse pour entretenir les armes ?

Pour faire la graisse nécessaire à l'entretien des armes, on emploie de la graisse de mouton une partie, et de l'huile d'olive de bonne qualité deux parties. Ainsi, pour faire 3 kilogrammes de graisse, il faut 2 kilog. d'huile et 1 kilog. de graisse.

Comment prépare-t-on la graisse ?

On fait fondre la graisse, on la passe à travers un linge d'un tissu peu serré et on la mêle immédiatement après avec l'huile.

Quand on a préparé la graisse, quelle attention faut-il avoir ?

On la couvre avec soin pour la préserver de la poussière.

Est-il nécessaire d'épurer l'huile ?

Oui, parce que l'huile d'olive du commerce est rarement assez pure pour le graissage des articulations de la platine.

Quel est le procédé qu'on emploie pour épurer l'huile ?

Dans 1 kilogramme d'huile froide verser 250 grammes de plomb fondu ; les parties aqueuses s'évaporent alors et les substances étrangères sont entraînées par le plomb. En répétant deux ou trois fois cette opération, on obtient de l'huile qui ne donne pas de cambouis et conserve bien le fer ou l'acier.

Quel espèce de vase est-il nécessaire d'employer ?

Employer un vase de métal afin qu'il ne se casse pas lorsqu'on y verse le plomb.

Comment fait-on déposer ce liquide ?

En l'exposant au soleil ou à une chaleur artificielle pendant quelques jours.

XIe LEÇON.

Nettoyage de l'arme.

LAVAGE DU CANON.

Le canon étant démonté, quand on veut le laver, que faut-il faire ?

Quand on veut laver le canon, on visse le tire-bourre au bout de la baguette et l'on engage le chasse-noix dans la tête de la baguette.

Avec quoi garnit-on le tire-bourre ?

On garnit le tire-bourre d'une bande de linge et on l'introduit dans le canon.

De quelle eau faut-il se servir, et jusqu'où plonge-t-on le canon dans l'eau ?

Plonger le tonnerre dans l'eau douce en noyant complètement la cheminée, sans que l'eau atteigne la hausse.

Le canon étant dans l'eau, que faut-il faire ?

Saisir le chasse-noix et la tête de la baguette, imprimer à la baguette un mouvement de va-et-vient. Enfoncer le tire-bourre au fond du canon. Faire tourner plusieurs fois la baguette de gauche à droite.

A quoi reconnait-on que le canon est bien lavé ?

Le canon est bien lavé quand l'eau en sort aussi claire qu'en y entrant.

Que faut-il faire quand on est obligé de se servir d'un vase de petite dimension ?

Quand on est obligé de se servir d'un vase de petite dimension, il faut changer l'eau au moins une fois.

Que faut-il faire après avoir lavé le canon ?

Lorsque le canon est lavé, il faut le faire égoutter et souffler dans le canal de la cheminée.

Comment essuye-t-on le canon ?

Pour essuyer le canon à l'intérieur, il faut garnir le tire-bourre d'un linge sec et opérer comme pour le lavage.

Que faut-il faire si la bande de linge avec laquelle on a essuyé le canon sort humide ou sale ?

Si la bande de linge sort humide ou sale, en remettre une deuxième, une troisième, et même une quatrième, et recommencer l'opération.

Si le lavage a été bien fait, combien de fois faut-il changer le linge ?

Une fois.

Que faut-il faire pour sécher la cheminée?

Introduire dans la cheminée un petit morceau de linge roulé et y passer l'épinglette.

Que faut-il faire si l'on doit charger l'arme immédiatement après le lavage?

Lorsqu'on doit charger l'arme immédiatement après le lavage, il est indispensable de flamber le canon avec une ou deux capsules.

Dans les différentes opérations du lavage, que doit-on éviter?

Dans ces différentes opérations, éviter d'appuyer la queue de culasse sur des pierres pour ne pas la dégrader.

HAUSSE.

Comment nettoie-t-on la hausse dans les circonstances ordinaires?

Pour nettoyer la hausse dans les circonstances ordinaires, enlever la vieille graisse avec des curettes des parties d'où l'on ne peut l'ôter simplement avec un linge.

PLATINE.

Comment nettoie-t-on la platine si elle n'a pas besoin d'un nettoyage à fond?

Si la platine n'a pas besoin d'un nettoyage à fond, il faut la bien essuyer avec un linge sec et enlever la vieille graisse avec une curette.

LOGEMENTS DES PIÈCES EN FER OU EN ACIER.

S'il y avait de la rouille dans le logement des pièces en fer ou en acier, comment l'enlèverait-on?

S'il y avait de la rouille dans le logement des pièces en fer ou en acier, l'enlever en frottant avec un morceau de drap imbibé d'huile.

PIÈCES NON ROUILLÉES.

Comment se nettoient les pièces non rouillées?

Les pièces non rouillées se nettoient avec un linge sec.

PIÈCES LÉGÈREMENT ROUILLÉES.

Comment se nettoient les pièces légèrement rouillées?

Les pièces légèrement rouillées se nettoient avec un linge couvert de brique brûlée, pulvérisée, tamisée et délayée dans la graisse.

PIÈCES FORTEMENT ROUILLÉES.

Comment se nettoient les pièces fortement rouillées?

Les pièces fortement rouillées se nettoient avec de l'émeri préparé comme la brique ; l'on frotte avec des curettes en bois tendre ou avec une brosse rude.

FRAISURE DU CHIEN ET DE LA BAGUETTE.

Comment se nettoient la fraisure de la baguette et celle du chien?

La fraisure de la baguette et du chien se nettoient avec un linge humide, essuyer ensuite avec un linge sec.

Quelle précaution prend-on quand on frotte le canon ou la lame du sabre pour ne pas les fausser ?

> Quand on frotte le canon ou la lame du sabre, les poser à plat sur une table ou sur un banc pour ne pas les fausser.

Dans quel sens fait-on le nettoyage du sabre-baïonnette ?

> Le nettoyage du fourreau du sabre-baïonnette se fait dans le sens de sa largeur.

Quel soin doit-on avoir avant de mettre les pièces en place ?

> Avant de mettre les pièces en place, avoir soin qu'il n'y ait ni brique ni émeri dans les trous des vis ou des pivots ou dans les encastrements.

GRAISSAGE.

Que faut-il faire quand le canon a été lavé et essuyé ?

> Le canon lavé et essuyé, graisser l'intérieur avec un chiffon gras attaché au tire-bourre.

Que faut-il faire avant de remonter la carabine ?

> Avant de remonter la carabine, passer la pièce grasse sur toutes les parties extérieures du canon, sur toutes les surfaces des pièces en fer ou en acier démontées ou nettoyées en place, sur les faces extérieures de la platine et dans le logement du canon.

Avec quoi faut-il graisser l'intérieur de la platine, la charnière et le ressort de la hausse ?

> Avec une brosse douce.

De quelle manière graisse-t-on l'intérieur de la platine ?

> Mettre un peu de graisse sur la brosse, la frotter sur la pièce grasse, puis la passer plusieurs fois sur le mécanisme de la platine en mettant le chien au bandé et à l'abattu, afin que la brosse atteigne les deux crans de la noix.

Dans quels endroits des pièces met-on une petite goutte d'huile ?

> Mettre une petite goutte d'huile à la griffe du ressort, aux crans de la noix, aux pivots de la chaînette, de la noix et de la gâchette, à la goupille de la hausse, à la griffe du ressort.

Est-il indispensable de mettre de l'huile ?

> L'huile n'est pas indispensable, la graisse employée avec intelligence suffit.

XIIᵉ LEÇON.

Entretien et conservation de l'arme.

Comment place-t-on le chien quand l'arme est chargée ? Quand elle est déchargée ?

> Toutes les fois que l'arme est chargée, le chien doit être au cran de sûreté. Quand elle n'est pas chargée, le chien est abattu sur la cheminée.

Que faut-il faire avant de mettre l'arme au râtelier ?

Avant de mettre l'arme au râtelier, il faut bien l'essuyer et passer la pièce grasse sur toutes les pièces en fer.

Pourquoi place-t-on le bouchon sur le canon ?

On place le bouchon à l'extrémité du canon pour le préserver de l'humidité, de la pluie et de la poussière.

Où se place le tampon ?

Sur la cheminée, dans tous les exercices à blanc ; hors ce cas, il reste dans la giberne.

Peut-on, pendant les exercices à blanc, introduire la baguette dans le canon ?

Non, afin de ne le point user inutilement.

Quel soin le soldat doit-il prendre avant de se servir de la carabine ?

Quand le soldat devra se servir de sa carabine, il l'essuiera avec un linge sec.

Comment nettoie-t-on les pièces en cuivre ?

Les pièces en cuivre ne sont jamais graissées ; elles sont nettoyées avec du tripoli ou avec un linge sec ou un morceau de drap, et jamais avec une brosse.

A quelles époques le graissage doit-il être renouvelé ?

Le graissage doit être renouvelé tous les samedis. Avant de faire cette opération, il faut enlever la vieille graisse.

Avec quoi essuie-t-on la monture ?

Avec un linge sec..

XIIIᵉ LEÇON.

Observations sur les précautions à prendre dans le chargement. — Moyen de reconnaître si le coup est parti. — Déchargement de l'arme.

Quelle précaution le soldat doit-il prendre quand il déchire la cartouche ?

Le soldat prend la cartouche de la main droite, tire le papier engagé dans l'étui, après avoir mordu le bout qui déborde et déchire ensuite le papier avec les dents le plus près possible du carton en tournant la main qui tient la cartouche.

Que doit-il faire après avoir déchiré la cartouche ?

Il verse la poudre, retourne la cartouche, engage la balle dans le canon jusqu'à la naissance de l'ogive.

Comment met-on la cartouche dans le canon ?

Le soldat, tenant l'étui de la main droite, les ongles en dessous, rompt le papier de l'enveloppe d'un seul coup en renversant la main sans soulever la balle.

Comment le soldat enfonce-t-il la balle dans le canon ?

Il enfonce la balle dans le canon en appuyant sur le méplat qui la termine avec la paume de la main, il tire ensuite la baguette, coiffe l'ogive avec la fraisure, enfonce la balle jusqu'à ce qu'elle repose sur la poudre.

Comment assure-t-il la balle sur la poudre ?

Il l'assure dans cette position par un seul coup de baguette modéré.

Quelle est l'importance du chargement régulier de la balle ?

Le chargement régulier de la balle est une des conditions essentielles de la justesse du tir des carabines.

Que résulterait-il si on donnait plusieurs coups de baguette ou un seul coup d'une force exagérée ?

En bourrant trop, on déforme la partie antérieure de la balle, ou resserre la partie évidée, et le forcement se fait incomplètement ; il vaudrait mieux ne pas bourrer du tout que de donner plusieurs coups de baguette.

MOYEN DE RECONNAÎTRE SI LE COUP EST PARTI.

Comment reconnaît-on que le coup n'est pas parti ?

Le soldat qui n'aura pas senti le recul et dont la cheminée ne fumera pas, pourra être certain que le coup n'est pas parti.

Que doit faire le soldat quand le coup n'est pas parti ?

Épingler, placer une nouvelle capsule. éviter de mettre une deuxième charge.

DÉCHARGEMENT DE L'ARME.

Que faut-il faire quand on veut décharger l'arme ?

Quand on veut décharger l'arme, il faut enlever la capsule et s'assurer qu'elle n'a pas laissé de poudre fulminante dans la cheminée ; s'il restait de cette poudre, l'enlever avec l'épinglette et mettre le chien à l'abattu.

Comment place-t-on l'arme pour introduire la baguette dans le canon ?

On saisit l'arme avec la main gauche au-dessus de la grenadière, en la tenant inclinée, la sous-garde en dessus, le talon de la crosse posant à terre. Introduire dans le canon la baguette armée du tire-fond.

Que faut-il faire quand la baguette est dans le canon ?

Saisir de la main droite la tête de la baguette, engager le tire-fond en appuyant et en tournant de gauche à droite.

Que doit-on faire quand le tire-fond est engagé dans le plomb ?

Quand le tire-fond est engagé dans le plomb et que l'on sent que la balle tourne, la retirer avec la baguette, en continuant à tourner jusqu'à ce qu'elle soit hors du canon.

Que faut-il faire quand la balle est retirée ?

Quand la balle est retirée, enlever le tire-fond, le remplacer par le tire-bourre, introduire la baguette ainsi armée dans le canon, en extraire le papier de la cartouche, puis renverser et secouer le canon pour en faire tomber la charge de poudre.

Si l'arme était chargée depuis longtemps ou avait fait feu plusieurs fois, que faudrait-il faire avant de la charger ?

Si l'arme était chargée depuis longtemps, ou si elle avait fait feu plusieurs fois, avant d'être chargée il faudrait laver, essuyer et graisser le canon.

XIVe LEÇON.

Composition du Cirage.

Quels sont les ingrédients qui entrent dans la composition de cinq kilog. de cirage, par exemple ?

Pour cinq kilogrammes de cirage, quantité suffisante à l'entretien des effets d'une compagnie pendant un an, il faut :

Cire jaune	1ᵏ 500
Cire blanche pour mitiger l'effet de la cire jaune, qui est trop grasse.	0 500
Essence de térébenthine.	3 750
Noir d'ivoire	0 500
Arcanson (espèce de résine employée pour obtenir un plus beau lustre. . . .	0 062

Comment prépare-t-on le cirage ?

On râpe toute la cire, on la met dans un pot et l'on verse dessus assez d'essence pour qu'elle en soit couverte entièrement. On réduit ensuite l'arcanson en poudre et on le soumet, dans un autre vase, à une préparation semblable à celle qu'a subie la cire ; on couvre les deux vases pour que l'essence ne s'évapore pas, et on laisse reposer pendant vingt-quatre heures.

Au bout de ce temps, on réunit dans un seul vase les deux dissolutions, on y ajoute le noir d'ivoire et l'on remue le tout avec une spatule en versant de l'essence peu à peu, jusqu'à ce que le mélange soit complet. On obtient ainsi une pommade assez liquide pour être employée facilement.

Comment fait-on usage du cirage ?

Pour en faire usage, on l'étend en petite quantité sur toutes les parties de l'équipement que l'on veut cirer, on laisse évaporer l'essence pendant vingt-cinq minutes, on frotte ensuite avec un morceau de drap fin et propre, en ayant soin de le conduire toujours dans le même sens ; de cette manière, on obtient sans beaucoup de peine un beau lustre.

DEUXIÈME PARTIE

Théorie du Tir.

Iʳᵉ LEÇON.

Principes généraux du Tir.

D'où se déduisent les principes généraux du tir?

Les principes généraux du tir se déduisent des positions relatives, occupées par trois lignes, qui sont : *la ligne de tir, la trajectoire* et *la ligne de mire.*

Qu'est-ce que la ligne de tir?

La ligne de tir est la ligne droite que formerait l'axe du canon s'il était indéfiniment prolongé.

Qu'est-ce que la trajectoire?

La trajectoire est la ligne courbe que le centre de la balle décrit pendant son trajet dans l'air.

D'où résulte la courbure de la trajectoire?

De la pesanteur de la balle et de la résistance que l'air lui oppose pendant son trajet.

Qu'est-ce que la ligne de mire?

La ligne de mire est une ligne droite passant par le milieu du fond du cran de mire de la hausse et par le sommet du guidon.

Combien y a-t-il de lignes de mire?

Un très-grand nombre, puisque la hausse porte plusieurs crans de mire, et que celui du curseur peut être élevé à différentes hauteurs.

Qu'est-ce que l'angle de tir?

L'angle de tir est l'angle que la ligne de tir forme avec l'horizon au moment du tir.

Qu'appelle-t-on plan de tir?

On appelle plan de tir le plan vertical qui comprend la ligne de tir au moment du tir (1).

Quelle est la position de la trajectoire par rapport à la ligne de tir?

La trajectoire se confond d'abord avec la ligne de tir et s'en écarte ensuite de plus en plus à mesure que la balle s'éloigne de la bouche du canon.

(1) Se figurer qu'il tombe une goutte d'eau de chaque point de la ligne de tir, la surface verticale formée par ces gouttes d'eau sera le plan du tir.

Comment peut-on considérer la trajectoire et la ligne de mire ?

Comme invariablement liées entre elles, lors que la dernière de ces lignes reste dans le plan de tir.

La trajectoire étant dans le plan de tir, si l'on élève ou si l'on abaisse la ligne de mire, si on la dirige à droite ou à gauche, que résulte-t-il ?

La trajectoire participe à ces divers mouvements et conserve toujours la même position relativement à la ligne de mire, pourvu qu'on ne donne pas à celle-ci une trop grande inclinaison au-dessus ou au-dessous de l'horizon.

Comment reconnaît-on que la ligne de mire est placée dans le plan de tir ?

On reconnaît que la ligne de mire est placée dans le plan de tir, lorsqu'au moment du tir, le cran de mire et le sommet du guidon ne sont penchés ni à droite ni à gauche.

A l'aide de quelle ligne peut-on régler le tir d'une arme ?

A l'aide de la ligne de mire.

IIe LEÇON.

En combien de points la trajectoire rencontre-t-elle la ligne de mire ?

En deux points ; le premier très-rapproché de la bouche du canon, le second plus éloigné.

Comment nomme-t-on le deuxième point d'intersection ?

Le second point d'intersection de la trajectoire et de la ligne de mire se nomme *but en blanc*.

Comment nomme-t-on la distance mesurée de la bouche du canon au but en blanc ?

La distance mesurée sur la ligne de mire, de la bouche du canon au but en blanc, se nomme *portée du but en blanc*.

Y a-t-il plusieurs portées de but en blanc ?

Oui, puisqu'à chaque ligne de mire correspond une portée de but en blanc particulière. La portée du but en blanc augmente à mesure que le cran de mire s'élève sur la hausse.

Quelle position prend la trajectoire par rapport à la ligne de mire au-delà du but en blanc ?

Elle s'abaisse au-dessous de la ligne de mire, et de plus en plus à mesure que la balle s'éloigne de ce but.

Quelle est la position de la trajectoire par rapport à la ligne de mire entre les deux points d'intersection ?

Elle s'élève au-dessus de la ligne de mire, de quantités différentes, suivant la position que l'on considère.

Qu'appelle-t-on élévations ?

On appelle élévations la distance mesurée verticalement des différents points de la trajectoire à la ligne de mire, quand la trajectoire est au-dessus de cette ligne.

Qu'appelle-t-on abaissements?

On appelle abaissements la distance mesurée verticalement des différents points de la ligne de mire à la trajectoire quand celle-ci est au-dessous de la ligne de mire.

Où sont comprises les élévations?

Les élévations de la trajectoire sont comprises entre les deux points où cette ligne coupe la ligne de mire.

Où sont compris les abaissements de la trajectoire?

Les abaissements commencent au but en blanc et finissent au moment où la trajectoire touche à terre.

Que remarque-t-on au sujet de la grandeur des élévations?

Que les élévations de la balle sont très-petites dans le voisinage des points d'intersection, et plus grandes vers le milieu de la ligne droite qui réunit ces deux points.

Comment peut-on considérer la balle dans son trajet, de la bouche du canon au premier point d'intersection?

Comme étant au-dessous de la ligne de mire d'une quantité si petite, qu'elle peut, pendant cette partie de son trajet, être regardée comme placée sur la ligne de mire.

Pour atteindre un point situé au but en blanc, comment doit-on diriger la ligne de mire?

Il faut la diriger sur ce point.

Pour atteindre un but au-delà du but en blanc, comment faudra-t-il diriger la ligne de mire?

Il faudra la diriger au-dessus de ce point, car si on la dirigeait sur ce point, la trajectoire passerait au-dessous.

Pour atteindre un but situé entre les deux points d'intersection, comment faut-il diriger la ligne de mire?

Il faut viser au-dessous de ce but.

Pour atteindre un point situé à la première intersection, comment faut-il diriger la ligne de mire?

Il faut la diriger sur ce point, ou, ce qui est la même chose, viser ce point.

Résumez les règles générales de tir?

Lorsque le but est situé à l'un des points d'intersection de la trajectoire et de la ligne de mire, il faut viser le but.

Lorsque le but est situé entre les deux points d'intersection, il faut viser au-dessous de ce but.

Lorsque le but est situé au delà du but en blanc, il faut viser au-dessus du but, et d'autant plus au-dessus qu'il est plus éloigné.

Lorsque le but est situé entre la bouche du canon et le premier point d'intersection, il faut viser au-dessus de ce but.

IIIᵉ LEÇON.

Règles de tir de la Carabine.

Quand on tire sur un objet de quelque étendue, quelle partie de cet objet faut-il viser ?

Lorsqu'on tire sur un objet d'une certaine étendue, on doit viser le centre ou milieu de cet objet : on a plus de chance de le toucher que si on visait sur l'une des extrémités.

Dans le tir de guerre, quelle est la partie du corps qu'on doit chercher à atteindre ?

Le milieu du corps ou la ceinture.

Comment détermine-t-on les règles de tir de la carabine ?

Par des lignes de mire formées par le sommet du guidon d'une part, et de l'autre par les crans de mire fixes de la hausse et le cran de mire mobile du curseur.

Combien y a-t-il de crans de mire fixes ?

Il y a trois crans de mire fixes : le premier entaillé dans le talon de la planche, le deuxième à la partie inférieure de la fente et le troisième à la partie supérieure.

DE LA PREMIÈRE LIGNE DE MIRE.

Comment est déterminée la première ligne de mire ?

La première ligne de mire est déterminée par le sommet du guidon et par le fond du cran de mire du talon de la planche couchée sur son pied.

Quel est le but en blanc de la première ligne de mire ?

Le but en blanc de la première ligne de mire est à 150 mètres de la bouche du canon.

A quelles distances doit-on employer la première ligne de mire ?

On doit employer la première ligne de mire pour régler le tir de la bouche du canon jusqu'à 200 mètres.

Quelle est la règle de tir de cette ligne ?

A 200 mètres et à toute distance plus petite, il faut viser la ceinture.

DE LA DEUXIÈME LIGNE DE MIRE.

Comment est déterminée la deuxième ligne de mire ?

La deuxième ligne de mire est déterminée par le sommet du guidon et par le cran de mire de la fente, la planche dressée sur son pied.

Quel est le but en blanc de la deuxième ligne de mire ?

Le but en blanc de la deuxième ligne de mire est à 250 mètres de la bouche du canon.

A quelles distances emploie-t-on la deuxième ligne de mire ?

La deuxième ligne de mire est employée pour régler le tir au delà de 200 mètres et jusqu'à 300 mètres.

Quelle est la règle de tir de cette ligne ?

De 200 à 300 mètres, il faut viser la ceinture.

DE LA TROISIÈME LIGNE DE MIRE.

Comment est déterminée la troisième ligne de mire?

La troisième ligne de mire est déterminée par le sommet du guidon et par le cran de mire du curseur abaissé autant que possible.

Quel est le but en blanc de la troisième ligne de mire ?

Le but en blanc de la troisième ligne de mire est à 350 mètres de la bouche du canon.

A quelles distances emploie-t-on la troisième ligne de mire ?

La troisième ligne de mire est employée pour régler le tir de 300 à 400 mètres.

Quelle est la règle de tir de la troisième ligne de mire ?

De 300 à 400 mètres, il faut viser la ceinture.

Comment sont indiquées les distances de but en blanc sur la hausse?

Par des traits surmontés de chiffres.

Quel est l'objet des règles générales de tir pour les trois lignes de mire ?

L'objet des règles générales de tir pour les trois lignes de mire est de simplifier autant que possible les règles de tir, afin qu'elles soient mieux comprises du soldat.

Ne peut-il pas se présenter des circonstances dans lesquelles le soldat devrait tenir compte des élévations et des abaissements?

Oui, pour atteindre le but.

IVe LEÇON.

A partir de quelle distance élève-t-on le curseur?

On commence à élever le curseur à la distance de 400 mètres.

Comment dispose-t-on le curseur pour viser au-delà de 400 mètres ?

Pour viser au delà de 400 mètres, il faut élever le curseur jusqu'à ce que les bords latéraux supérieurs soient à hauteur du trait qui indique la distance à laquelle on doit tirer.

Comment dispose-t-on le curseur si l'on veut tirer à une distance représentée par un nombre finissant par 25, 50 ou 75 mètres?

Quand le nombre de mètres qui représente la distance à laquelle on veut tirer se termine par 25, 50 ou 75, il faut placer les bords supérieurs latéraux du curseur au quart, à la moitié ou aux trois quarts de l'intervalle qui sépare les deux traits entre lesquels la distance se trouve comprise.

Quelle est la dernière ligne de mire ?

La dernière ligne de mire est déterminée par le sommet du guidon et par le cran de mire entaillé au sommet et sur le milieu de la planche.

Quel est le but en blanc de la dernière ligne de mire ?

Le but en blanc de la dernière ligne de mire est situé à 1100 mètres de la bouche du canon.

Pour atteindre une troupe à cette distance, où faut-il viser ?

Pour atteindre une troupe en ligne à cette distance, il faut diriger la ligne de mire sur le milieu du front de cette troupe.

Quelles sont les distances réglementaires du tir ?

Il y en a treize qui sont : 150, 200, 250, 300, 350, 400, 500, 600, 700, 800, 900, 1,000 et 1,100 mètres.

Quelles sont les dimensions de la cible ?

2 mètres de hauteur sur 50 centimètres de largeur. Elle représente un fantassin équipé d'une taille de 1 mètre 78 ; la coiffure du fantassin complète la hauteur de 2 mètres.

Comment est représenté le milieu du corps du fantassin sur la cible ?

Le milieu du corps du fantassin est représenté sur la cible par un cercle noir de *vingt centimètres* de diamètre depuis la plus petite distance jusqu'à 350 mètres. De 350 mètres jusqu'à 600, le diamètre de ce cercle est de *trente centimètres*, et enfin, de 600 mètres jusqu'à 1,100 mètres, il est de *quarante centimètres*.

Quand on tire sur plusieurs cibles, y a-t-il plusieurs cercles ?

Quand on tire sur plusieurs cibles réunies, il n'y a qu'un seul cercle dont le centre est placé à quatre-vingt-neuf centimètres du pied des cibles et qui partage leur surface en deux parties égales.

Quel est le but qu'on doit se proposer d'atteindre quand on tire à la cible ?

Le cercle noir placé à hauteur de ceinture.

Les cibles porteront-elles des points de repère ?

Non : quand le tireur ne devra point viser, il estimera lui-même la position des points de la cible qu'il lui faudra viser pour atteindre le centre du cercle.

TROISIÈME PARTIE.

Ire LEÇON.

Théorie et pratique de l'appréciation des distances.

Quel est l'objet de l'appréciation des distances ?

L'appréciation des distances a pour objet d'apprendre au soldat à estimer promptement et exactement la distance qui le sépare de l'ennemi, afin de régler le tir en conséquence.

Comment se fait l'appréciation des distances ?

Cette étude se fait à la vue simple ou à l'aide d'instruments.

Quelles sont les différentes opérations que comporte cette étude ?

Elle comporte les opérations suivantes :

1o Étalonner le pas, c'est-à-dire apprendre au soldat combien il fait de pas pour parcourir cent mètres.

2o Estimer une distance au pas.

3o Faire des remarques sur le plus ou moins d'apparence, de netteté qu'ont les différentes parties de l'habillement de l'équipement, ainsi que la figure d'hommes placés à des distances connues.

4o Estimer une distance à la vue simple et au pas, vérifier cette distance, rectifier les évaluations.

Comment est composé un détachement qui doit faire l'appréciation des distances ?

Un détachement qui doit faire l'appréciation des distances sera composé de seize hommes dirigés par un sous-officier ou un caporal instructeur muni d'un cordeau de 25 mètres de longueur. Il sera conduit sur le terrain, les hommes ayant l'armement et l'équipement complet, à l'exception du sac.

Que fera l'instructeur, arrivé sur le terrain ?

L'instructeur fera mesurer en ligne droite, sur le terrain, à l'aide d'un cordeau et de soldats employés comme jalonneurs, une distance de deux cents mètres, et marquera, par un petit piquet, par une pierre ou par une raie faite sur le sol, chacune des distances de 50, 100, 150 et 200 mètres.

Quand cette ligne sera mesurée, que devra faire l'instructeur?

Il ordonnera aux hommes de parcourir la distance de 100 mètres au pas ordinaire, en leur recommandant de prendre leur allure naturelle, sans chercher à augmenter ou à diminuer la longueur de leurs pas. Il leur prescrira de compter le nombre de pas qu'ils doivent faire pour parcourir la distance de 100 mètres.

Combien de fois cette opération doit-elle être répétée?

Cette opération sera répétée au moins trois fois par chaque soldat. L'instructeur, après avoir interrogé chaque soldat sur le nombre de pas comptés en parcourant la distance de 100 mètres, lui fera connaître combien il doit faire de pas pour parcourir 10 mètres.

Alors le soldat pourra évaluer assez exactement une distance au pas.

Comment le soldat estimera-t-il une distance au pas?

Pour estimer une distance au pas, le soldat, à partir du point de départ, comptera ses pas et dira: *100 mètres*, en étendant le pouce de la main droite, les autres doigts fermés. Lorsqu'il aura compté le nombre de pas qu'il doit faire pour parcourir 100 mètres, il recommencera alors à compter ses pas, en continuant à se diriger sur le point qui est à l'extrémité de la distance, et quand il sera arrivé au nombre qui correspond à 100 mètres, il dira : *200 mètres*, en étendant le premier doigt de la main droite, et ainsi de suite, jusqu'à ce qu'il se trouve à une distance de moins de 100 mètres du point sur lequel il se dirige.

Que fera le soldat quand il aura levé tous les doigts de la main droite?

Quand il aura levé tous les doigts de la main droite, il se servira de ceux de la main gauche et pourra ainsi compter jusqu'à 1,000 mètres, sans risque de se tromper.

Que devra faire le soldat quand la distance à mesurer sera moindre de 100 mètres?

Quand la distance à mesurer sera moindre de 100 mètres, le soldat comptera par dizaine comme il a été compté par centaine. Après avoir parcouru le nombre de pas qu'il doit faire pour dix mètres, il dira : *10 mètres*, et lèvera le pouce de la main droite, et ainsi de suite, jusqu'au point sur lequel il se dirige. Connaissant le nombre de centaines et celui des dizaines que contient la distance mesurée, il connaîtra la distance demandée.

IIᵉ LEÇON.

Comment s'exécute la deuxième opération ?

L'instructeur forme son détachement sur un rang, à l'une des extrémités de la ligne mesurée, du côté où l'on a commencé le mètrage, de telle sorte que cette ligne soit perpendiculaire au front de la troupe et passe au milieu de ce front.

Le détachement ainsi disposé, que fait l'instructeur ?

Il ordonnera à quatre hommes du détachement de se porter, le 1er à 50 mètres, le 2e à 100, le 3e à 150 et le 4e à 200, et de faire face au front de la troupe, en se reposant sur les armes. Il choisira des hommes de taille moyenne.

Quelles explications donnera l'instructeur quand les quatre hommes seront aux distances indiquées ?

L'instructeur fera remarquer aux hommes placés dans le rang les diverses parties de l'habillement, de l'équipement, de l'armement et de la figure qu'ils peuvent apercevoir nettement sur le soldat placé à 50 mètres et celles qu'on ne peut plus distinguer facilement à cette distance. Il interrogera les hommes les uns après les autres sur les remarques faites d'après la portée de leur vue. Les réponses pourront n'être pas les mêmes, puisque les hommes n'ont pas la même portée de vue.

Quelles explications l'instructeur donnera-t-il au sujet de l'homme placé à 100 mètres ?

L'instructeur donnera ensuite les mêmes explications au sujet de l'homme placé à cent mètres, et fera faire des remarques, comme il est prescrit pour l'homme placé à 50 mètres. En interrogeant les hommes cette seconde fois, il aura soin de leur signaler les différences qui existent entre les deux distances, quant à la netteté de la vision de certains objets.

Quelles explications l'instructeur donnera-t-il au sujet des hommes placés aux distances de 150 et 200 mètres ?

L'instructeur prescrira de faire successivement sur les deux soldats situés à 150 mètres et à 200 mètres, des observations analogues à celles qu'il a faites précédemment sur ceux placés à 50 et à 100 mètres. Il s'attachera surtout à signaler à chaque soldat, et suivant les observations de chacun d'eux, les différences qui existent entre les quatre distances, quant à la vision nette, confuse ou impossible de certains objets.

Quelle remarque l'instructeur devra-t-il encore faire aux hommes ?

L'instructeur fera remarquer que plus les hommes sont éloignés, plus ils paraissent petits. Il fera souvent remplacer les hommes placés aux distances d'observations, afin que tous profitent également de l'instruction.

IIIe LEÇON.

Que fera l'instructeur quand son détachement aura fait d'assez nombreuses observations ?

Lorsque les hommes du détachement auront fait des observations assez nombreuses aux quatre distances désignées, l'instructeur procédera à l'estimation des distances dans les limites de 50 à 200 mètres.

Comment s'exécute la troisième opération ?

L'instructeur formera son détachement sur un rang et sur un autre terrain que celui qui aura été mesuré. Il enverra un soldat en avant du front de son détachement et lui prescrira de s'arrêter au commandement de *Halte*, de faire face au détachement et de se reposer sur les armes. Il arrêtera ce soldat à la distance qu'il jugera convenable entre 50 et 200 mètres.

Que fera l'instructeur après avoir placé l'homme envoyé en avant du front du détachement ?

L'instructeur prescrira aux hommes dans le rang d'observer le soldat qui leur fait face, et d'estimer la distance en se rappelant les observations faites par eux aux distances précédemment mesurées.

Que fera l'instructeur quand il jugera que les hommes ont eu le temps de faire les observations nécessaires à l'estimation de la distance?

L'instructeur interrogera chaque homme séparément, en le faisant sortir du rang et en lui recommandant de répondre à voix basse, afin que l'opinion des derniers hommes interrogés ne soit pas influencée par celle des premiers, il notera sur un calepin la distance indiquée par chaque soldat.

Que fera l'instructeur quand il aura pris la distance indiquée par chacun d'eux ?

Il fera mesurer la distance au cordeau par deux soldats et au pas par tous les autres.

Que fera l'instructeur quand tous les hommes auront mesuré la distance au pas ?

Il prescrira à chacun des hommes ayant mesuré la distance au pas de lui donner à voix basse le nombre de mètres trouvés ; il inscrira sur son calepin, d'une part, la distance réelle, de l'autre, les distances mesurées au pas, à côté des distances estimées à la vue par chaque soldat.

Quand l'instructeur aura inscrit les deux nombres trouvés par les hommes, que fera-t-il?

L'instructeur fera former le cercle à son détachement et lui donnera lecture des nombres donnés par chaque homme en rectifiant les erreurs que chacun aura pu commettre dans l'une et l'autre estimation.

Combien de fois répétera-t-on cette opération ?

L'instructeur fera répéter cette opération aussi souvent qu'il le jugera nécessaire, en ayant soin de choisir chaque fois une nouvelle distance et un nouveau terrain.

Dans quelles circonstances les séances de l'appréciation des distances auront-elles lieu ?

Les séances d'appréciation des distances devront avoir lieu dans des circonstances atmosphériques diverses et, si la localité le permet, sur des terrains de configurations différentes.

Le même instructeur conservera-t-il les mêmes hommes ?

Le même instructeur instruira, autant que possible les mêmes hommes pendant la durée totale des exercices.

Que fera l'instructeur lorsqu'il jugera que ses hommes apprécient avec une exactitude suffisante les distances comprises entre 50 et 200 mètres ?

L'instructeur fera mesurer au cordeau une distance de 400 mètres, marquera sur la ligne droite mesurée les distances de 200, 250, 300, 350 et 400 mètres et enverra un homme à chacune de ces distances ; ces cinq hommes feront face au détachement en se reposant sur les armes. Le détachement étant placé comme il est dit ci-dessus, il fera commencer pour ces distances des observations analogues à celles déjà faites pour des distances plus petites.

Quelle est la distance qui devra être étudiée avec le plus grand soin ?

La distance de 200 mètres devra être l'objet d'une étude particulière et sera le terme de comparaison auquel pourront se rapporter toutes les remarques recueillies aux autres distances.

Quand les soldats apprécieront avec une exactitude suffisante les distances comprises entre 200 et 400 mètres, que fera l'instructeur ?

Quand les soldats apprécieront avec une exactitude suffisante les distances entre 200 et 400 mètres, l'instructeur les exercera à estimer celles comprises entre 50 et 400 mètres.

Où se borneront les exercices de l'appréciation des distances pour les jeunes soldats ?

Les exercices de l'appréciation des distances seront bornés pour les jeunes soldats à ceux expliqués ci-dessus.

IVᵉ LEÇON.

Par qui sont dirigés les exercices de l'appréciation des distances au-delà de 400 mètres ?

Les exercices de l'appréciation des distances au delà de 400 mètres, seront dirigés par le capitaine. Le lieutenant et le sous-lieutenant commanderont chacun une section. Ils ne seront plus faits sur des hommes isolés, mais sur des groupes. Les distances seront évaluées de prime-abord sans que l'on s'astreigne à faire préalablement des observations dans les limites de ces distances. Le capitaine passera d'une section à l'autre pour diriger les exercices.

Que fera le chef de section ?

Le chef de chaque section, après avoir arrêté sa troupe dans une position favorable, indiquée par le capitaine, fera reposer sur les armes et commandera : *en place repos*.

Il enverra immédiatement en avant de sa section un groupe composé d'un caporal, d'un clairon et de deux soldats, ces hommes seront armés et suivront une ligne que le chef de section aura déterminée par deux points de repère reconnus dans la campagne.

Que devra faire le caporal qui se porte en avant ?

Le caporal, après avoir parcouru une distance dépassant 200 mètres, et qu'il sera libre, du reste, de fixer à son gré, pourvu qu'elle soit plus petite que 700 mètres, placera les trois hommes sur un rang, à un pas d'intervalle, faisant face à la section et reposés sur les armes ; il se tiendra lui-même à la droite du rang dont le milieu sera établi sur la ligne.

Les quatre hommes étant établis à une distance inconnue de la section, que fera le chef de section ?

Le chef de section évaluera la distance du groupe pour son compte, et lorsqu'il jugera que les sous-officiers et caporaux sous ses ordres ont eu le temps de l'apprécier de leur côté, il les interrogera à voix basse en les faisant sortir des rangs. Il tiendra note de l'évaluation faite par chaque sous-officier ou caporal. Ceux-ci interrogeront à leur tour les soldats de la même manière et prendront chacun, pour un certain nombre de ces derniers, la note des évaluations.

Que doit faire un sergent, désigné à l'avance, quand le chef de section commence à prendre des notes ?

Dès que la distance sera appréciée, et que le chef de section commencera à interroger les sous-officiers, un sergent, aidé de deux soldats porteurs d'un cordeau de 25 mètres et d'un double-mètre, mesurera la distance qui sépare la section du groupe. Il tiendra note exacte de cette distance, et l'indiquera au clairon du groupe en ne tenant compte que des centaines et des dizaines de mètres. Quand le chiffre des unités sera plus petit que 5 ou égal à 5, il le négligera. Quand ce chiffre sera plus grand que 5, il indiquera au clairon une dizaine de plus ; mais dans tous les cas il devra inscrire en chiffres, sur son calepin, la distance exacte à un décimètre près.

Quand la distance aura été mesurée et que les notes auront été prises, que fera le chef de section ?

Quand toutes les notes des évaluations auront été prises, et que la distance aura été mesurée, le chef de section fera rentrer les sous-officiers et les caporaux à leur poste. Il ordonnera à un caporal, muni d'un fanion engagé dans le canon de sa carabine, de se porter à dix pas sur la droite de la section, et d'élever le fanion en l'air. À ce signal, le sous-officier chargé de mesurer la distance prescrira au clairon de l'indiquer par une sonnerie.

Comment le clairon indiquera-t-il la distance ?

Le clairon indiquera la distance par autant de coups de langue traînants qu'elle contiendra de centaines de mètres et par autant de coups de langue brefs qu'elle contiendra de dizaines de mètres en sus des centaines ; il laissera un intervalle suffisant entre les deux espèce de coups de langue.

Après la sonnerie, que fera le groupe ?

Après la sonnerie, le caporal muni du fanion rentrera dans le rang, le groupe fera demi-tour, se portera en avant sur la ligne et parcourra une distance que le caporal sera libre de fixer, pourvu qu'il ne sorte pas des limites prescrites. Le caporal établira le groupe sur la ligne comme il a été dit.

Quand le groupe sera placé, que fera le sergent chargé de mesurer la distance ?

Quand le groupe sera placé face à la section, le sergent chargé de mesurer la distance démarquera la ligne après avoir marqué l'extrémité de la distance mesurée. Il observera la section, et dès qu'il s'apercevra que le chef de section commence à interroger, il mesurera la distance qui sépare le groupe de sa première station. Il tiendra note exacte de cette distance et l'ajoutera à la première ; il agira ensuite comme il a été dit ci-dessus. La section fera pour la nouvelle distance ce qui a été indiqué pour la première, et les exercices continueront de la même manière pendant la première reprise de chaque séance.

Que fera le caporal du groupe quand il aura pris position très-près de la distance de 700 mètres ?

Lorsque le caporal du groupe aura pris position très-près de l'extrémité de la distance de **700** mètres, il devra rétrograder et le sergent chargé de mesurer les distances aura soin de retrancher, dans ce cas, la nouvelle distance mesurée de celle à laquelle il se trouvait de la section avant de revenir sur ses pas.

Que devra faire le chef de section avant le repos ?

Avant le repos, le chef de section se portera sur une autre partie du terrain ; il sera rallié par le sergent chargé de mesurer les distances et par le groupe. Les exercices de la deuxième reprise se feront comme ceux de la première.

Comment se fera l'exercice de l'appréciation des distances de 700 à 1,100 mètres ?

Pour estimer les distances comprises entre **700** et **1100** mètres, on augmentera le nombre des hommes composant le groupe. Il sera formé d'un caporal, d'un clairon et de huit chasseurs. Ces dix hommes, y compris le caporal, seront placés suivant diverses formations que réglera le capitaine. On se conformera, du reste, à ce qui est prescrit pour l'évaluation des distances comprises entre 200 et 700 mètres.

Quelle est la durée de l'instruction de l'appréciation des distances?

On ne peut rien prescrire quant à la durée de l'instruction pratique de l'appréciation des distances. Elle précédera les exercices du tir à la cible et continuera en même temps que ces derniers.

QUATRIÈME PARTIE.

Pratique du Tir.

Ire LEÇON.

Exercices préparatoires du Tir.

A combien d'hommes à la fois enseignera-t-on les exercices de la première leçon ?

Dans les exercices de cette première leçon, l'instructeur commandera un détachement de douze hommes au plus. Ces hommes seront formés sur un rang, à un pas d'intervalle, quand les exercices auront lieu sur le terrain.

Dans le cas où l'on disposerait d'un assez grand nombre d'instructeurs, que faudrait-il faire ?

Si l'on dispose d'un assez grand nombre d'instructeurs, il sera avantageux, surtout pour l'instruction des jeunes soldats, de réduire chaque détachement au plus petit nombre d'hommes possible.

Les soldats devront-ils avoir le sabre au bout du canon ?

Les soldats conserveront le sabre dans le fourreau à moins d'ordres contraires.

DU POINTAGE.

Où se donnera d'abord l'instruction du pointage ?

L'instruction du pointage se donnera d'abord dans les chambres.

Comment l'instructeur disposera-t-il la carabine pour enseigner le pointage ?

L'instructeur placera une carabine sur le chevalet du pointage, et dirigera la première ligne de mire sur un point des murs ou des fenêtres marqué par un pain à cacheter ou de toute autre manière. Il aura soin de placer le guidon et la hausse de telle sorte que ces parties de l'arme ne penchent ni à droite ni à gauche.

Comment l'instructeur apprendra-t-il à viser ?

L'instructeur commencera par montrer aux hommes les deux points qui déterminent la ligne de mire, c'est-à-dire le sommet du guidon et le milieu du fond du cran de mire du talon de la hausse couchée sur son pied ; il leur expliquera que, pour viser, il suffit de mettre ces deux points et celui que l'on doit viser sur un même rayon visuel ; que, par conséquent, il ne faut pas regarder ces trois points avec les deux yeux, mais avec un seul, l'œil droit, en fermant pour cela l'œil gauche.

Que prescrira-t-il aux soldats ?

L'instructeur prescrira ensuite aux hommes de regarder l'un après l'autre, en fermant l'œil gauche, et en se plaçant en arrière de la crosse, sans la toucher, le milieu du fond du cran de mire, le sommet du guidon et le milieu du pain à cacheter, sur lequel la ligne de mire aura été préalablement dirigée, et de voir par eux-mêmes que ces trois points sont bien sur le même rayon visuel, ou, ce qui est la même chose, en ligne droite.

Que fera l'instructeur quand il aura donné les explications ci-dessus ?

L'instructeur, après avoir dérangé la carabine, prescrira successivement à chaque soldat de viser le point désigné. Il vérifiera le pointage, indiquera à chaque homme, s'il y a lieu, les erreurs qu'il aura commises, en lui faisant voir que la ligne de mire n'est pas dirigée convenablement, et qu'elle passe au-dessus ou au-dessous, à droite ou à gauche du point qu'il fallait viser. Après avoir rectifié le pointage exécuté par chaque soldat, l'instructeur aura soin de déranger la carabine.

Comment pointeront les hommes ?

Les hommes pointeront en se plaçant en arrière de la crosse, et en faisant mouvoir l'arme avec la main droite.

Que fera ensuite l'instructeur ?

L'instructeur répètera ensuite le même exercice ; mais, au lieu de rectifier d'abord par ses propres yeux le pointage exécuté à tour de rôle par chaque soldat, il le fera vérifier successivement par tous les autres, en demandant à chacun de ces derniers si la ligne de mire passe à droite ou à gauche, au-dessus ou au-dessous du point désigné.

Lorsque tous les hommes auront exprimé leur opinion, l'instructeur donnera la sienne et corrigera ainsi toutes les erreurs qui auraient pu être commises. L'instructeur fera recommencer cet exercice autant de fois qu'il sera nécessaire. et donnera, après chaque séance, une note bonne, médiocre ou mauvaise à chaque pointeur.

Combien de séances de deux heures faudra-t-il pour le pointage ?

Deux séances de deux heures chacune, consacrées à cette première partie de l'instruction du pointage, suffiront pour que la généralité des jeunes soldats sache diriger une ligne de mire sur un point désigné.

Dans ces deux séances, l'instructeur ne lèvera point la hausse et ne se servira, pour instruire les jeunes soldats, que de la première ligne de mire.

Que fera l'instructeur dans une troisième séance ?

Dans une troisième séance, l'instructeur fera la nomenclature de la hausse, indiquera les fonctions des différentes parties de cette pièce, et interrogera les hommes pour s'assurer qu'ils ont bien compris ; il expliquera ensuite les règles du tir, en se bornant à celles qui sont relatives aux trois premières lignes de mire. Il interrogera les hommes sur ces règles et les leur fera ensuite appliquer de la manière suivante :

Comment procédera-t-on à cette application ?

La carabine étant placée sur un chevalet, l'instructeur prescrira successivement à chaque homme de pointer sur un but désigné et situé, réellement ou par supposition, à l'une des distances pour lesquelles les règles de tir sont déjà connues. L'instructeur dira, par exemple, après avoir désigné le but :

A 250 mètres, pointez la carabine.

Il vérifiera le pointage, s'assurera que le pointeur a bien employé la ligne de mire convenable et l'a dirigée conformément aux règles, sans pencher la hausse et le guidon à droite ni à gauche. Il rectifiera les erreurs commises.

De quelle manière l'instructeur fera-t-il répéter ces exercices ?

L'instructeur fera répéter cet exercice autant de fois qu'il le pourra pendant la durée de la troisième séance, en changeant chaque fois la distance à laquelle il supposera le but placé.

Pourra-t-on se servir d'une cible ?

On pourra se servir pour le pointage d'une cible sur laquelle le but sera représenté par le cercle réglementaire ; ou bien on emploiera une règle de 2 mètres de longueur, non compris le pied enfoncé dans le sol. On placera le centre du but à 0ᵐ 89 de la partie de la règle qui se trouvera au niveau du sol. Une règle ou un simple bâton, verticalement placé, valent mieux que la cible, lorsqu'on opère sur un terrain de peu d'étendue.

Dans une quatrième séance, que fera l'instructeur ?

Dans une quatrième séance l'instructeur fera répéter les exercices de la troisième, autant de fois qu'il sera nécessaire pour que chaque homme ait appliqué convenablement les règles de tir relatives aux trois premières lignes de mire.

Qu'enseignera l'instructeur à la cinquième séance ?

Dans une cinquième séance, l'instructeur enseignera aux jeunes soldats la manière de placer le curseur pour tirer aux diverses distances comprises entre 500 et 1,050 mètres ; il leur montrera le cran de mire du sommet de la hausse, qui appartient à la dernière ligne de mire, dont on se sert dans le tir à la distance de 1,100 mètres.

Avant de passer aux distances plus grandes que 500 mètres, que doit faire l'instructeur ?

Avant de faire appliquer les règles de tir des distances plus grandes que 500 mètres, l'instructeur s'assurera que les hommes savent placer le curseur à la hauteur qui correspond à chaque distance de tir.

L'instructeur dira par exemple :

Disposez le curseur pour la distance de 575 mètres.

Quand les soldats sauront disposer le curseur aux distances plus grandes que 400 mètres, comment termineront-ils la leçon ?

Lorsque les hommes sauront disposer le curseur, l'application des règles de tir, relatives aux distances comprises entre 500 et 4,100 mètres, ne leur présentera aucune difficulté. L'instructeur terminera la cinquième séance en faisant faire aux hommes cette application.

Comment cette instruction se fera-t-elle ?

La carabine étant placée sur le chevalet, l'instructeur s'adressera successivement à chaque chasseur et lui dira, par exemple :

A 725 mètres, pointez la carabine.

Que fera l'instructeur à la sixième séance ?

Dans une sixième séance l'instructeur fera appliquer, comme il a été expliqué ci-dessus, toutes les règles de tir de la carabine, depuis la bouche du canon jusqu'à la distance de 4,400 mètres.

Comment les anciens soldats seront-ils instruits dans le pointage ?

L'instruction du pointage a été détaillée dans cet article, telle qu'elle doit être donnée aux jeunes soldats en six séances. Les exercices de ce même article seront répétés, par les anciens soldats, en deux séances seulement. Dans la première, l'instructeur expliquera la nomenclature et les fonctions de toutes les parties de la hausse, ainsi que les règles de tir. Il interrogera les anciens soldats et leur fera faire l'application des règles par le pointage sur le chevalet. La deuxième séance sera employée à interroger une seconde fois les anciens soldats et à leur faire appliquer de nouveau les règles de tir.

Où doivent être placés les buts dans les exercices du pointage ?

Quoiqu'il ne soit pas nécessaire, pour enseigner le pointage et les règles de tir, de placer le but aux distances réelles, et quoiqu'il y ait moyen de suppléer en partie à l'instruction du pointage aux grandes distances par l'emploi de buts très-petits et réduits dans leurs dimensions, comme la distance l'est elle-même, il conviendra de faire appliquer, au moins pendant la dernière séance, les règles de tir et le pointage sur des buts placés réellement aux distances désignées par l'instructeur.

IIe LEÇON.

Position du tireur isolé debout.

Comment l'instructeur enseignera-t-il la position du tireur isolé debout ?

Après avoir formé son détachement sur un seul rang, en prescrivant aux hommes de se tenir à un pas d'intervalle, l'instructeur faisant face au milieu de la troupe, à dix pas de distance, donnera lentement le détail de la position en exécutant lui-même les mouvements prescrits.

POSITION DU TIREUR ISOLÉ DEBOUT.

1 temps et 3 mouvements.

Expliquez le premier mouvement ?

Croiser la baïonnette, en plaçant le milieu du pied droit vis-à-vis et 40 centimètres environ du talon gauche ; la tête élevée, le corps d'aplomb et reposant également sur les jambes.

Expliquez le deuxième mouvement ?

Armer et saisir l'arme à la poignée.

Expliquez le troisième mouvement ?

Rentrer légèrement la pointe du pied gauche, élever l'arme avec les deux mains, appuyer la crosse contre l'épaule, le corps restant droit et la tête levée, la main gauche placée entre l'embase de la grenadière et le talon de la hausse, la monture reposant sur la paume de la main, le pouce allongé sur le bois, les autres doigts placés sur les bords de la monture, le coude gauche en dedans. Fermer l'œil gauche, lever l'épaule droite, afin d'amener la première ligne de mire à hauteur de l'œil droit, le coude levé à peu près à hauteur de l'épaule ; faire passer un rayon visuel par les deux points de la ligne de mire, en la tenant horizontale, et en penchant le moins possible la tête à droite, maintenir le sommet du guidon et le cran de mire dans le plan vertical de tir, le pouce de la main droite en travers sur la poignée, la deuxième phalange du premier doigt de la main droite en avant de la détente sans la toucher, les autres doigts entourant la poignée, et s'aidant du pouce pour tenir la carabine.

La position expliquée, que fera l'instructeur ?

L'instructeur, après avoir détaillé la position, la fera prendre par chaque soldat, en commençant par le premier placé à la droite du rang. Il s'approchera de celui qu'il voudra instruire, afin de soutenir l'arme de ce soldat, en portant la main à la grenadière. Il aidera ainsi les hommes à prendre la position dans les commencements, et diminuera leurs fatigues pendant le temps employé à leur donner les premiers renseignements et à rectifier les positions.

Que fera l'instructeur après avoir guidé et aidé les hommes à prendre la position ?

L'instructeur fera ensuite prendre la position, par le même soldat, sans le guider et sans soutenir son arme. Après lui avoir indiqué, s'il y a lieu, en quoi sa position est défectueuse, il la lui fera quitter.

Que dira l'instructeur pour faire prendre ou quitter la position ?

Pour faire prendre ou quitter la position, l'instructeur dira :

Prenez la position du tireur isolé debout, ou : *Quittez la position.*

En quittant l'homme auquel il vient de donner la position, quel ordre l'instructeur lui donnera-t-il ?

Lorsque l'instructeur passera d'un soldat à un autre, pour enseigner la position prescrite, il ordonnera à celui qu'il quittera de prendre de lui-même cette position, de la garder un instant, de la quitter et de la reprendre autant de fois qu'il le pourra, pendant que l'instruction sera donnée aux autres.

Quelle recommandation devra-t-on faire aux hommes quand ils prendront d'eux-mêmes la position ?

Lorsque les hommes devront prendre et quitter fréquemment la position, il faudra leur recommander de ne point armer.

Quelle attention aura l'instructeur quand il fera prendre la position à tous les hommes à la fois ?

L'instructeur, faisant ensuite prendre la position à tous les hommes à la fois, les laissera en joue pendant un temps suffisant pour qu'ils s'affermissent dans la position prescrite, mais assez court cependant pour ne point occasionner une fatigue trop grande.

Où sera placé l'instructeur quand il fera prendre la position au rang entier à la fois ?

Placé devant le rang, l'instructeur adressera des observations aux soldats, afin de rectifier leur position.

La position du tireur debout pourra-t-elle être enseignée dans les chambres ?

La position du tireur debout pourra être enseignée dans les chambres : dans ce cas, l'instructeur ne s'occupera que d'un seul homme à la fois. Pendant que chaque soldat recevra les avis de l'instructeur, les autres s'exerceront à prendre, conserver et quitter la position.

Combien emploiera-t-on de séances à la position du tireur isolé debout ?

Deux séances seront employées à donner aux jeunes soldats la position ci-dessus décrite, une seule suffira aux anciens. Dans ces séances, on ne prescrira pas aux soldats de viser un point désigné, mais seulement de faire passer un rayon visuel par les deux points de la première ligne de mire, et de tenir cette ligne à peu près horizontale.

La position du tireur debout peut-elle toujours être prise de la même manière ?

Non : lorsqu'au lieu du premier cran de mire on est obligé de se servir d'un cran plus élevé. Il faut alors que le tireur abaisse de plus en plus l'épaule et les bras, à mesure que le cran de mire s'élève sur la hausse.

Comment apprend-on aux hommes à prendre la position pour toutes les distances ?

Sans quitter la position du corps, sans pencher la tête, la hausse étant levée, le tireur peut, en abaissant par degrés l'épaule et les bras, faire passer successivement par son œil droit les lignes de mire de la carabine, en commençant par celle de 250 mètres et en finissant par celle de 1,100 mètres. En relevant ensuite l'épaule et les bras, il peut faire repasser par son œil les lignes de mire dans un ordre inverse, tout en maintenant constamment dans la même direction la ligne qui passe par son œil et par le sommet du guidon.

Quels résultats donne cet exercice ?

Il affermit les hommes dans la position du tireur debout et leur donne de l'aisance dans le tir.

Quand cet exercice peut-il être exigé des hommes ?

Lorsqu'ils ont bien exécuté ce qui est expliqué au commencement de cette leçon et dans celle qui suivra.

IIIᵉ LEÇON.

Position du tireur isolé debout et pointage.

Que devra-t-on enseigner aux hommes quand ils seront suffisamment affermis dans la position du tireur debout ?

Ils seront exercés à la garder en visant un point que l'instructeur désignera, et à la modifier comme elle doit l'être, lorsqu'il faut se servir d'un cran de mire plus élevé que celui de la première ligne de mire.

Comment seront employées les reprises de chaque séance ?

A des exercices différents. Pendant la première, l'instructeur fera viser dans la position du tireur debout. Pendant la deuxième, il fera pointer sur chevalet, appliquer les règles de tir et revoir la nomenclature des diverses parties de l'arme.

Dans le pointage sur chevalet, comment sera placé le soldat ?

Dans le pointage sur chevalet, le soldat sera placé derrière la crosse.

Lorsque le soldat devra viser, quelle prescription l'instructeur lui fera-t-il?

Lorsque le soldat devra viser, l'instructeur lui prescrira de diriger la ligne de mire au-dessous du point désigné, et d'élever lentement cette ligne, jusqu'à ce qu'elle passe par le point qu'il faut viser, de l'arrêter sur ce point, en conservant l'immobilité de l'arme et du corps.

A quelles distances l'instructeur fera-t-il viser?

L'instructeur fera d'abord viser au moyen du cran de mire du talon de la planche; il fera ensuite lever la hausse, et prescrira d'employer la seconde ligne de mire de la seconde, il passera à la troisième, puis à celles des distances de 500. 600, 700. 800, 900 et 1,000 mètres, et enfin à la dernière.

A mesure que le cran de mire s'élève, quelle recommandation devra faire l'instructeur?

Baisser l'épaule et les bras à mesure que le cran de mire s'élève, et conserver, du reste, la position prescrite.

Quelles sont les lignes de mire qui rendent l'en-joue difficile?

Celles des distances de 800, 900, 1,000 et 1,100 mètres, mais pour quelques hommes seulement.

Que fera-t-on pour diriger ces quatre dernières lignes?

On appuiera contre l'épaule le talon de la plaque de couche.

La position étant gênante pour les hommes qui ont le cou très-court, que feront les instructeurs?

Ils ne devront point exiger des hommes ce que leur conformation rendra impossible.

Comment auront lieu les exercices sur le terrain?

Lorsque les exercices auront lieu sur le terrain, les hommes prendront la position et viseront ensemble au commandement de l'instructeur, qui dira, par exemple :

A 500 mètres pointez la carabine dans la position du tireur debout.

L'instructeur aura soin de ne pas tenir les hommes trop longtemps dans cette position, et de leur indiquer le but, disposé comme il a été dit dans la première leçon.

A quel moment le soldat mettra-t-il le curseur en place quand il devra viser à des distances qui nécessitent son emploi?

Avant de prendre la position du tireur et lorsqu'il sera encore à celle de *croisez la baïonnette.*

Que fera le soldat pour mettre le curseur en place?

Il soulèvera un peu la carabine, en la plaçant horizontalement, le bras gauche et la monture de l'arme joignant le corps ; il saisira les rebords du curseur avec le pouce et le premier doigt de la main droite, et, regardant la planche, il fera jouer le curseur pour l'amener à la place qu'il doit occuper; il lèvera ensuite la hausse, reportera la main droite à la poignée et prendra la position du tireur debout.

<table>
<tr><td>Combien emploiera-t-on de séances à cette leçon?</td><td>Deux séances seront employées à faire exécuter aux jeunes soldats ce qui est prescrit dans cette leçon, qui sera revue en une seule séance par les anciens.</td></tr>
<tr><td>Que devra faire l'instructeur à la fin de chaque séance?</td><td>L'instructeur fera placer le sabre-baïonnette au bout du canon, et pointer aux distances plus petites que 500 mètres. En pointant la carabine munie de sa baïonnette, les chasseurs conserveront, autant que possible, la position prescrite.</td></tr>
</table>

IVᵉ LEÇON.

Position du tireur à genou et pointage.

<table>
<tr><td>Comment fera-t-on prendre la position du tireur à genou?</td><td>On ne fera pas de commandement régulier ; on ne distinguera ni temps ni mouvements. L'instructeur dira seulement aux soldats, lorsqu'il le faudra : Prenez la position du tireur à genou, ou : Quittez la position.</td></tr>
<tr><td>Quelle est la position du tireur à genou ?</td><td>Prendre la position de Présentez vos armes, porter le pied droit en arrière et sur la droite du talon gauche, dans la position la plus commode pour mettre le genou droit à terre en ployant la jambe gauche, mettre le genou à terre, abattre l'arme, l'avant-bras gauche appuyé sur la cuisse du même côté, la main droite à la poignée, la crosse touchant la cuisse droite.

Faire pivoter la jambe droite autour du genou appuyé à terre ; placer cette jambe à peu près perpendiculairement à la direction du pied gauche dans la position la plus commode, s'asseoir sur le talon droit, prendre de l'aplomb et de l'aisance, disposer le curseur et lever la hausse, si cela est nécessaire, et armer.</td></tr>
<tr><td>Comment met-on en joue?</td><td>Mettre en joue en appuyant le coude gauche sur la cuisse et près du genou, la main gauche soutenant l'arme entre l'embase de la grenadière et le talon de la hausse, l'épaule droite levée ou abaissée, suivant la position du but, le coude à peu près à hauteur de l'épaule ; diriger la ligne de mire sur le point qu'indiquent les règles de</td></tr>
</table>

tir, en maintenant le sommet du guidon et le cran de mire dans le plan vertical de tir, le pouce de la main droite en travers sur la poignée, la deuxième phalange du premier doigt de la main droite en avant de la détente sans la toucher, les autres doigts entourant la poignée et s'aidant du pouce pour tenir la carabine.

Que fera l'instructeur après avoir pris et détaillé la position du tireur isolé à genou ?

L'instructeur, après avoir pris et détaillé en même temps la position du tireur isolé à genoux, se conformera, pour la faire prendre aux hommes, à ce que prescrivent les deuxième et troisième leçons pour la position du tireur debout.

Combien emploie-t-on de séances à la position du tireur isolé à genou ?

Trois séances seront employées à faire exécuter aux jeunes soldats ce qui est prescrit dans cette leçon, qui sera revue en une seule séance par les anciens.

Dans les séances de la position du tireur à genou, pointera-t-on sur chevalet ?

Dans ces séances, on ne pointera plus sur chevalet ; l'instructeur fera viser et appliquer les règles de tir, en même temps qu'il enseignera la position.

Que fera l'instructeur dans la deuxième reprise de la troisième séance ?

Il fera prendre alternativement aux jeunes soldats la position du tireur debout et celle du tireur à genou, en prescrivant de pointer sur le but qu'il désignera.

Quels sont les avantages et les inconvénients du tir à genou ?

Avantageux pour la régularité du tir, mais fait perdre beaucoup de temps au tirailleur par la lenteur qu'il met à prendre la position, et par la nécessité où il est de la quitter pour charger convenablement son arme ; aussi cette position doit-elle être considérée comme exceptionnelle, bonne seulement dans quelques circonstances particulières de la guerre.

L'appui que le tireur donne à son arme dans le tir à genou est-il le seul qu'on emploie à la guerre ?

Non : Dans certains cas, une branche, un tronc d'arbre, la plongée d'un parapet, etc., peuvent fournir un appui préférable à celui que l'on trouve sur le genou.

En général, quels moyens meilleurs que le genou peuvent être employés pour appuyer l'arme ?

Tous ceux qui assurent l'immobilité de l'arme et du corps : ainsi, la position du tireur assis à terre, le coude gauche sur la jambe du même côté, à demi ployée, est plus avantageuse encore que la position du tireur à genou.

Ve LEÇON.

Conservation de l'immobilité de l'arme entre les mains du tireur, pendant qu'il agit sur la détente, et après que le chien a été abattu sur le tampon.

Quelle est la difficulté qui se présente quand on appuie sur la détente pour faire partir le coup ?

On risque de déranger l'arme, de sorte que, bien dirigée avant qu'on ait touché la détente, elle peut ne plus l'être au moment où le coup part.

Quelle attention alors doit avoir le tireur ?

Il faut qu'il ne cesse pas de maintenir la ligne de mire de son arme sur le point qu'indiquent les règles, pendant tout le temps qu'il agit sur la détente et tant que le coup n'est pas parti. Le coup doit le surprendre occupé à maintenir la ligne de mire sur le point indiqué par les règles de tir.

Quels sont les moyens que doit employer le tireur pour conserver l'immobilité de l'arme au moment où il agit sur la détente et après qu'il a abattu le chien ?

Le tireur parviendra à ce résultat s'il retient la respiration au moment où il commencera à toucher la détente jusqu'à ce que le coup soit parti ; s'il n'agit point brusquement sur elle ; s'il sait exercer par degrés une pression de plus en plus forte sur ce levier, s'il place le doigt de manière à lui laisser toute sa force et à lui communiquer des mouvements très-restreints, en le faisant agir, non point par l'extrémité, mais par la deuxième phalange, autant que la conformation de l'homme le permettra.

Quelles précautions prendra-t-on pour ne pas détériorer la cheminée ?

Lorsqu'on devra exécuter, soit dans les chambres, soit sur le terrain, les exercices prescrits dans cette leçon, le tampon devra être sur la cheminée, et l'on aura soin qu'il n'empêche pas de viser.

Comment l'instructeur indiquera-t-il la manière d'agir sur la détente ?

L'instructeur indiquera successivement à chaque soldat la manière d'agir sur la détente. Il prendra devant eux une position commode, semblable à celle du deuxième mouvement du premier temps de la charge.

Que fera-t-il dans cette position ?

Il tiendra l'arme à la poignée de la main droite, engagera le premier doigt en avant de la détente, jusqu'à la deuxième phalange, agira par degrés sur la détente, en regardant le tampon placé sur la cheminée. Il fera prendre cette même position et exécuter ces mêmes mouvements par chaque soldat et lui montrera la manière d'agir sur la détente.

Cet exercice ayant été répété plusieurs fois par chaque homme, que fera l'instructeur?

Il expliquera à son détachement comment on doit opérer lorsqu'on veut faire partir le coup sans déranger l'arme, après avoir visé et pris les positions prescrites par l'instruction sur le tir ou par l'école du soldat.

Donnez cette explication?

Agir par degrés sur la détente avec la deuxième phalange du premier doigt de la main droite, en fermant les articulations de ce doigt, sans remuer le bras et en ayant soin de retenir la respiration, de telle sorte que le coup surprenne le tireur occupé à maintenir la ligne de mire sur le point visé.

Que faut-il que le soldat fasse après que le coup est parti?

Rester en joue un instant, et s'assurer que la ligne de mire passe encore par le point premièrement visé.

Quelles positions le soldat devra-t-il prendre?

L'une ou l'autre des positions du tireur, mais beaucoup plus fréquemment la position du tireur debout. Le soldat fera partir le coup sans commandement.

A quelle distance le soldat visera-t-il?

A une distance réelle ou supposée du but que lui indiquera l'instructeur, qui exigera que les hommes se servent de la ligne de mire correspondante à la distance indiquée.

Quels soins aura l'instructeur?

Il donnera aux tireurs l'occasion d'employer un nombre de fois suffisant les principales lignes de mire de l'arme. Il désignera aux hommes le but sur lequel ils devront pointer.

Comment l'instructeur fera-t-il exécuter ces exercices?

L'instructeur, pour faire exécuter ces exercices dira, par exemple :

Prenez la position du tireur debout.

A 600 mètres pointez et tirez la carabine.

Que devra faire l'instructeur quand les soldats s'exerceront à viser et à tirer ?

L'instructeur corrigera les positions et reconnaitra facilement, par les mouvements de leurs armes, les hommes qui n'auraient pas d'aplomb et qui ne sauraient pas agir sur la détente.

Combien de séances emploie-t-on à ces exercices ?

Cet exercice, très-important, occupera les jeunes soldats pendant quatre séances, les anciens pendant deux séances seulement.

On pourra, en outre, y former les soldats dans les chambres, à temps perdu.

VIe LEÇON.

Tir simulé aux capsules et aux cartouches sans balles.

Quel est l'objet du tir simulé aux capsules ?

De répéter la précédente leçon, avec cette différence que l'on abat le chien sur une capsule, au lieu de l'abattre simplement sur le tampon, et qu'on ne montre plus aux soldats la manière d'agir sur la détente, comme il est prescrit au commencement de la cinquième leçon.

Comment se fera cet exercice ?

Les soldats viseront, l'un après l'autre, sur la mèche d'une chandelle placée à une distance de la bouche de canon, mesurée par la longueur de la baguette de carabine. Ils auront soin de diriger d'abord la ligne de mire au-dessous de la mèche, d'élever lentement le guidon, de manière à faire partir le coup, lorsque la ligne de mire sera dirigée sur le centre de la mèche enflammée.

Dans quelles conditions faut-il que les canons et les hommes soient pour atteindre souvent la chandelle ?

Il faut que les canons soient bien propres intérieurement, que les hommes soient affermis dans les positions, qu'ils sachent viser, qu'ils conservent l'immobilité en visant et en faisant partir le coup.

Avec quelle ligne visera-t-on sur la chandelle ?

Avec la première ligne de mire.

Combien emploiera-t-on de séances au tir simulé aux capsules ?

Deux séances pour les jeunes soldats comme pour les anciens.

Combien consommera-t-on de capsules par homme à chaque séance ?

On consommera dix capsules par homme à chaque séance, cinq à chaque reprise, quatre capsules dans la position debout et la cinquième dans la position à genou.

Où se fera l'exercice du tir aux capsules ?

L'exercice du tir aux capsules se fera dans les chambres.

TIR SIMULÉ AUX CARTOUCHES SANS BALLES.

A quels principes se conformera-t-on pour le tir aux cartouches sans balles ?

Dans le tir aux cartouches sans balles, on se conformera aux principes prescrits précédemment.

Comment le détachement sera-t-il formé ?

L'instructeur formera son détachement sur le terrain, comme il a été ordonné au commencement de la première leçon.

Comment les hommes feront-ils feu ?

Les hommes feront feu successivement sur la cible placée, ou supposée placée à une distance réglementaire de tir. Ils appliqueront la règle de tir relative à la distance qui leur sera indiquée par l'instructeur.

En combien de séances le tir aux cartouches sans balles sera-t-il exécuté ?

Le tir aux cartouches sans balles sera exécuté en deux séances par les jeunes soldats, comme par les anciens.

A chaque séance, il sera brûlé dix cartouches par homme, cinq à chaque reprise.

Dans quelles positions brûlera-t-on les dix cartouches ?

A chaque reprise, on emploiera quatre cartouches dans la position debout et la cinquième dans la position à genou.

CINQUIÈME PARTIE.

Confection des cartouches et des sachets de capsules.

Ire LEÇON.

Notions et opérations préliminaires.

ATELIER.

De combien d'hommes se compose un atelier ?

Un atelier chargé de couper le papier se compose de deux hommes : un coupeur, un aide.

MATIÈRES.

Quelles sont les matières nécessaires ?

Les matières nécessaires sont : du papier, du savon, un crayon.

USTENSILES.

Quels sont les ustensiles nécessaires ?

Les ustensiles sont : un triple décimètre, une règle en fer encastrée dans une règle en bois, un poinçon, un plateau, un levier, un taquet, un bout de cordage, un couteau de menuisier, une lime douce et une pierre à aiguiser.

PAPIER.

Quelles dimensions doit avoir le papier destiné à la confection des cartouches ?

Le papier doit, autant que possible, avoir des dimensions qui permettent de diviser exactement les feuilles en rectangles, ayant les uns 110 $^{m}/_{m}$ sur 112 environ, et les autres 280 $^{m}/_{m}$ sur 60.

Combien chaque rectangle fournit-il de trapèzes?

Chaque rectangle fournit deux trapèzes égaux.

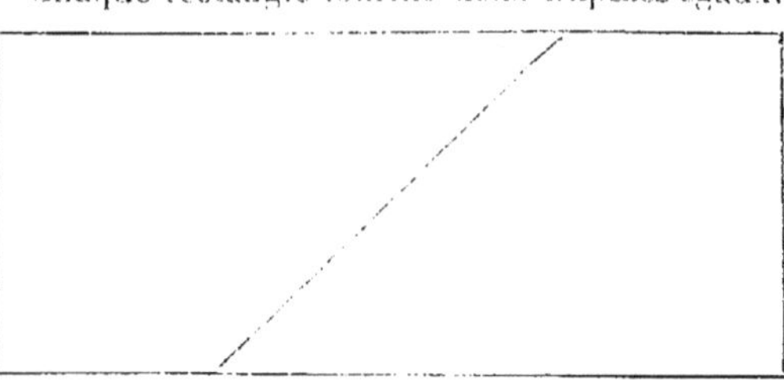

Quelles sont les dimensions des grands et des petits trapèzes?

Les grands trapèzes ont 112 $^{m/m}$ de hauteur, 155 $^{m/m}$ de grande base et 55 $^{m/m}$ de petite base. Les petits trapèzes ont 60 $^{m/m}$ de hauteur, 160 de grande base et 120 de petite base.

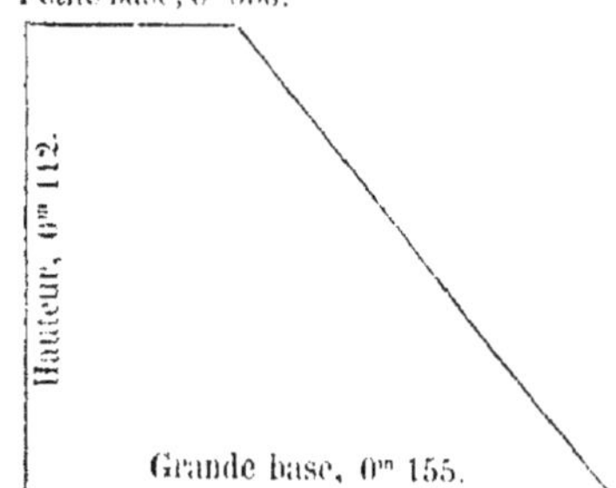

Comment sont fournis les rectangles de carton ?

Les rectangles de carton sont fournis tout découpés ; ils ont 82 $^{m/m}$ de base et 42 $^{m/m}$ de hauteur.

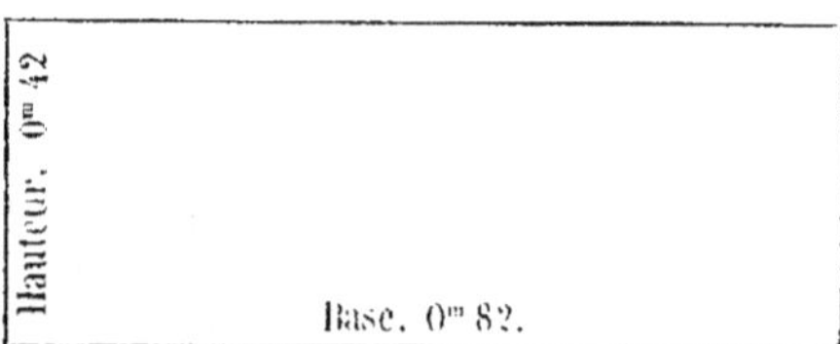

COUPAGE DU PAPIER.

Comment divise-t-on une des feuilles de papier dont on doit se servir pour les cartouches ?

Le coupeur divise d'abord une première feuille ouverte en rectangles, puis en trapèzes, de manière à tirer le meilleur parti de la feuille suivant ses dimensions ; il répète la division sur un certain nombre de feuilles, en les piquant avec un poinçon.

Que fait le coupeur quand il a divisé plusieurs feuilles?

Il met ensuite sur le plateau six à huit mains, feuilles ouvertes, place dessus une des feuilles divisées et pose la règle suivant une des divisions, le taquet sur le milieu de la règle.

L'aide pèse alors sur le taquet avec le levier dont la pince est engagée dans le bout du cordage fixé à l'un des pieds de la table.

Le coupeur, tenant le couteau des deux mains, l'extrémité du manche appuyée à l'épaule, coupe le papier suivant la ligne tracée, jusqu'à ce que le couteau s'engage dans le plateau.

Avec un couteau ordinaire on ne coupe qu'une demi-main de papier, en la pliant suivant les lignes de division.

S'il faut couper des morceaux de papier irréguliers, on se sert d'un trapèze en fer, pour diriger le couteau, et d'un valet pour tenir pressée sous le trapèze une épaisseur de feuilles de 2 à 3 centimètres environ.

Les rectangles-enveloppes sont en papier épais et fort, de couleur bleue, pour éviter toute confusion avec les cartouches d'infanterie.

Les rectangles-enveloppes ont 44 centimètres de hauteur sur 42 de base.

Les bouts de ficelle ont 50 centimètres de longueur.

L'atelier, en dix heures, coupe, par le premier moyen, 50,000 trapèzes, et par les deux derniers procédés un homme, pendant le même temps, en coupe de 8 à 9,000.

Questions (marge gauche) :

Que doit faire l'aide quand le taquet a été posé sur la règle ?

L'aide ayant pesé sur le papier, que doit faire le coupeur ?

Avec un couteau ordinaire, quelle quantité de papier doit-on couper ?

Que fait-on si le papier qu'on doit couper est irrégulier ?

Dans quelle condition doit être le papier destiné aux rectangles-enveloppes ?

Quelles sont les dimensions de ces rectangles ?

Quelle est la longueur des bouts de ficelle ?

Quel est le produit d'un atelier en dix heures ?

IIe LEÇON.

Confection des sachets de capsules.

Il faut pour chaque sachet un rectangle-enveloppe et un rectangle pour languette.

Le rectangle-enveloppe a $140^{m/m}$ sur 10 environ.

Le rectangle pour languette a $105^{m/m}$ sur 70.

Ils sont coupés comme les trapèzes.

Le sachet des cartouches à balles contient 8 capsules.

L'atelier se compose de quatre empaqueteurs.

Questions (marge gauche) :

Combien faut-il de rectangles pour chaque sachet ?

Quelles sont les dimensions de ces deux rectangles ?

Comment sont-ils coupés ?

Combien le sachet contient-il de capsules ?

De combien d'hommes se compose un atelier ?

Quelles sont les matières nécessaires ?

Des capsules, des rectangles pour enveloppes et pour languettes.

Quels sont les ustensiles nécessaires à un atelier ?

Quatre fourchettes et quatre broches cylindriques de 4 millim. 5 de diamètre.

EMPAQUETAGE.

Comment l'empaqueteur dispose-t-il les rectangles pour confectionner les sachets ?

L'empaqueteur plie en quatre suivant le petit côté, le rectangle pour languette, pose parallèlement au bord de la table le rectangle-enveloppe, le petit côté devant lui.

Comment place-t-il la fourchette ?

Il place la fourchette, les bords relevés en dessus, parallèlement au petit côté du rectangle, à 3 centimètres du côté le plus près de lui et à la même distance du grand côté.

La fourchette ainsi disposée, comment place-t-il les capsules ?

Il place quatre capsules dans chaque fente, l'ouverture en dessous et les recouvre avec la languette étendue à plat dans le sens de la longueur, le petit côté affleurant les deux capsules extrêmes.

La languette étant placée sur la fourchette, que doit faire l'empaqueteur ?

Il appuie la broche sur le milieu de la languette, la fait entrer entre les deux rangs de capsules, replie l'enveloppe en commençant par le côté qui est près de lui, retire la broche.

Que fait-il après avoir retiré la broche ?

Il ferme l'extrémité libre par deux plis obliques et un rabattement sur la fourchette, du côté opposé à l'ouverture des capsules et frotte les plis sur la table.

Comment termine-t-il le sachet ?

Il retire la fourchette en empêchant avec le pouce les capsules de sortir, ferme ce côté par un simple rabattement au ras des capsules et replie l'extrémité libre de la languette entre les bouts rabattus du sachet. Enfin, il frotte le sachet sur la table pour assujétir les plis.

Quel est le produit d'un atelier en dix heures ?

L'atelier, en dix heures, confectionne 1000 à 1200 sachets de capsules.

IIIᵉ LEÇON.

Confection des cartouches à balles.

Quelle est la composition d'un atelier chargé de la confection des cartouches à balles ?

17 hommes : 1 chef d'atelier, 4 rouleurs d'étuis, 4 rouleurs de cartouches, 2 plieurs, 2 empaqueteurs, 4 remplisseur et 3 aides. (Les 4 remplisseurs suffisent pour quatre ateliers de confectionneurs de cartouches).

Quelles sont les matières employées pour la confection des cartouches à balles ?

De la poudre, des balles, des rectangles de carton, des trapèzes grands et petits, des rectangles-enveloppes, des sachets de capsules, des bouts de ficelle, du savon, de la graisse composée de quatre parties de suif et une de cire.

Quelle est la forme de la balle ?

La balle est cylindro-ogivale et à évidement triangulaire ; elle est terminée par un méplat et n'a qu'une seule cannelure.

Quelles sont ses dimensions ?

Son diamètre est de 17 millimètres 2 dixièmes, sa hauteur totale de 24 millimètres 3 dixièmes.

En combien de parties se divise la balle ?

En deux parties : la partie ogivale et la partie cylindrique.

Que remarque-t-on sur la partie ogivale ?

A l'extrémité de la partie ogivale, on remarque le méplat.

Que remarque-t-on sur la partie cylindrique ?

On remarque la cannelure.

Quelle est la charge de poudre de la cartouche à balle ?

5 grammes 25 centigrammes.

Quels sont les ustensiles nécessaires à la confection des cartouches à balles ?

1 table à rouler, 10 mandrins de 0m045 m/m de diamètre (*fig.* 1), 5 dés en bois (*fig.* 2), 5 taquets, 5 sabots d'obus pour mettre les balles, 5 dés à tige mobile en cuivre (*fig.* 3) pour calibrer les cartouches et presser les plis du papier, 12 caisses ou boites, 1 prélart, 1 table à rebords (une suffit pour deux tables à rouler), 1 crible, 4 remplissoirs en laiton, 2 brosses à manche, barils ou caisses pour les paquets de cartouches finies, 1 gamelle pour fondre la graisse.

Nota : Les mandrins doivent être en bronze avec manche en bois.

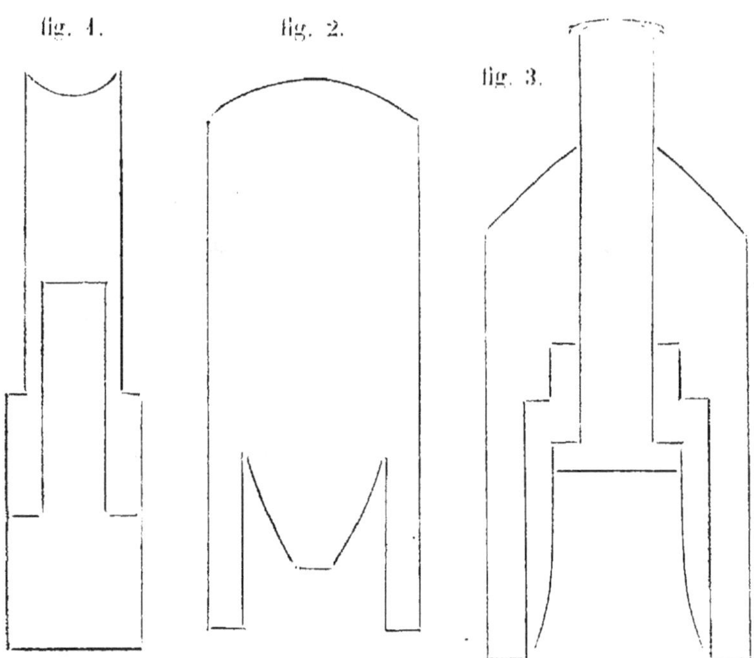

Quelles sont les opérations que comporte la confection des cartouches à balles ?

Ces opérations, au nombre de six, sont :
Le roulage des étuis.
Le roulage. . . . . ⎫
Le remplissage . . ⎪
Le pliage . . . . . ⎬ des cartouches.
Le graissage. . . . ⎪
L'empaquetage . . ⎭

ROULAGE DES ÉTUIS.

Quelle est la première opération du roulage des étuis ?

Le rouleur place un rectangle de carton sur un petit trapèze, l'un des grands côtés du rectangle dépassant la petite base du trapèze de 1 $^{m/m}$, l'un des petits côtés coïncidant avec le côté du trapèze perpendiculaire aux bases ; il pose le mandrin sur le rectangle parallèlement aux petits côtés, le rebord joignant le grand côté, la cavité tournée du côté de la grande base du trapèze.

De quelle manière le rouleur place-t-il le mandrin pour plier le papier qui déborde l'étui ?

Verticalement, l'extrémité non garnie sur la table, maintient le rouleau de la main gauche.

Comment fait-il les plis ?

Il fait un premier pli, en commençant par l'angle aigu du trapèze, enfonce le papier qui dépasse le carton dans la cavité du mandrin, fait un second pli opposé au premier, enfonce le reste du papier dans la cavité.

Après avoir enfoncé le papier dans la cavité, que fait-il ?

Il coiffe l'étui avec le dé en bois, assure les plis du papier en frappant un coup sur le taquet, puis il retire le dé et le mandrin.

ROULAGE DES CARTOUCHES.

Quelles sont les dispositions que doit faire le rouleur de cartouches ?

Le rouleur de cartouches prend un étui, y introduit un mandrin, place une balle, la partie ogivale dans la cavité de cet étui, met le mandrin ainsi garni perpendiculairement aux bases du trapèze-enveloppe, serre la balle dans la cavité, la partie postérieure de cette balle à $10^{m/m}$ de la grande base du trapèze, roule le trapèze-enveloppe sur le mandrin garni.

Le trapèze - enveloppe étant roulé, que fait le rouleur ?

Il relève le mandrin verticalement, sans que le bout arrondi quitte la table, appuie le pouce de la main gauche sur l'angle aigu du trapèze, de manière à faire arriver le premier pli sur la cavité de la balle.

Que fait-il après avoir formé le premier pli ?

Il fait tourner en même temps le mandrin avec la main droite, entre le pouce et l'index de la main gauche qui rabattent, pendant ce mouvement, le papier qui dépasse la balle, de manière à former des petites fronces se dirigeant vers le centre de la cavité de la balle.

Après avoir formé les fronces, que doit faire le rouleur ?

Il coiffe la cartouche du dé à tige mobile et, le tenant de la main droite, assure les plis en appuyant fortement le mandrin sur la table sans frapper, serre l'étui de carton avec la main gauche, enlève le mandrin avec la main droite et place la cartouche dans la boîte qui est devant lui.

Nota : Le dé à tige mobile a $17^{m/m}7$ de diamètre intérieur, les cartouches confectionnées doivent toutes pouvoir passer dans le cylindre vérificateur de $17^{m/m}7$ de diamètre intérieur.

IVᵉ LEÇON.

Remplissage des cartouches.

Quelle précaution le remplisseur doit-il prendre avant de commencer son opération ?

Le remplisseur vérifie si les tubes du remplissoir (gradués pour la charge de 5g 25c/g) ne contiennent aucun corps étranger.

Comment saisit-il les tubes ?

Il saisit les tubes par la partie supérieure, en les serrant de manière à ce qu'ils se touchent.

Comment verse-t-il la poudre ?

Il verse la poudre dans les tubes avec une main de cuivre jusqu'à ce qu'elle déborde.

Où place-t-il le remplissoir quand il est plein ?

Il place le remplissoir sur un crible disposé au-dessous de la table à rebords, où est placé la poudre et continue la même opération avec d'autres remplissoirs.

Par qui sont coiffés les tubes ?

Deux aides coiffent les tubes de chaque instrument avec six cartouches vides renversées.

De quelle manière le troisième aide saisit-il le remplissoir et les cartouches ?

Le troisième aide saisit le remplissoir et les cartouches de la main gauche, le petit doigt du côté des balles ; retourne l'instrument et les cartouches au-dessus de la table à rebords, en les serrant de manière à empêcher la poudre de s'échapper.

L'instrument et les cartouches étant retournés, que fait-il ?

Il laisse tomber tout le système brusquement dans la caisse à cartouches placée à sa droite et légèrement inclinée vers lui ; retire le remplissoir et le dépose sur le tas de poudre.

Nota : Le choc du cylindre en bois placé au centre de l'instrument, suffit pour faire descendre la poudre dans les étuis sans qu'il en reste dans les tubes. Ce mode de remplissage des cartouches laisse peu de chances d'erreur ; cependant un homme doit veiller à ce qu'aucune caisse ne sorte sans que les cartouches soient remplies.

PLIAGE DES CARTOUCHES.

Comment plie-t-on les cartouches ?

Le plieur prend une cartouche et la tient verticalement, tord légèrement le papier qui dépasse l'étui et enfonce cette partie tordue dans la cartouche, jusqu'à ce qu'elle repose sur la poudre ; une longueur d'environ 1 centimètre reste en dehors et est appliquée sur le corps de la cartouche.

GRAISSAGE DES CARTOUCHES.

Par qui les cartouches sont-elles graissées et jusqu'à quelle hauteur doit-on les plonger dans le bain ?

Par le chef d'atelier et le remplisseur qui trempent dans le bain de graisse, une à une, par la base et sur une longueur de 12 m/m les cartouches pliées.

A quelle température le bain de graisse doit-il être maintenu ?

Le bain de graisse doit, autant que possible, être maintenu à la température de 70 degrés reconnue la meilleure pour obtenir un suifage régulier.

Comment le chef d'atelier calibre-t-il les cartouches ?

Le chef d'atelier calibre un certain nombre de cartouches, après le graissage, avec le cylindre de 17 m/m 7 ; comme elles ne passent qu'à frottement dans ce cylindre, ce qui retire une grande partie de la graisse, les cartouches calibrées doivent être mises de côté et graissées de nouveau.

EMPAQUETAGE DES CARTOUCHES.

Comment l'empaqueteur plie-t-il les rectangles et comment les place-t-il ?

L'empaqueteur plie les rectangles en deux sur le milieu de leur longueur et en place un déplié devant lui, le long côté perpendiculaire au bord de la table.

Comment place-t-il les cartouches ?

Sur la moitié du rectangle la plus éloignée de lui il place, parallèlement au petit côté, deux couches de trois cartouches chacune, les balles alternant dans chaque couche et d'une couche à l'autre, celles de la couche supérieure reposant sur l'extrémité vide des cartouches inférieures.

Comment enveloppe-t-il les cartouches ?

Il enveloppe les cartouches et les serre fortement avec les bouts libres du rectangle, en commençant par celui qui est le plus près de lui, ferme le paquet en rabattant à chacune des extrémités la partie libre de la face supérieure, puis des faces latérales, puis de la face inférieure.

Où place-t-il le sachet de capsules ?

A l'un des bouts il met à plat, les plis en dessus, un sachet de capsules qui se trouve ainsi couvert en partie lorsqu'il rabat ce dernier pli.

Comment lie-t-il le paquet ?

Il lie le paquet en l'entourant avec la ficelle, d'abord dans le sens de sa longueur et en serrant sur les plis, ensuite dans le sens de la largeur ; il arrête la ligature sur une arête, par un demi-nœud droit double, surmonté d'un demi-nœud droit gansé.

Quelles sont les dimensions du paquet ?

Longueur. . . . . 75 m/m.
Largeur. . . . . 52 m/m.
Epaisseur. . . . . . . 35 m/m.

Quel est le poids du paquet?	Le poids du paquet est de 345 grammes.
Quel est le produit de l'atelier en dix heures?	L'atelier, en dix heures, confectionne et empaquette 3,500 cartouches environ.

Ve LEÇON.

Confection des cartouches sans balles.

De quoi sont composées les cartouches sans balles?	Elles se composent d'un trapèze en papier et d'une charge de poudre de 7 grammes.
Quelles sont les dimensions du trapèze des cartouches sans balles?	Le trapèze a 0^m105 de hauteur, 0^m115 de grande base et 0^m06 de petite base.
Quelles sont les opérations que nécessite la confection des cartouches sans balles?	Ces opérations, au nombre de quatre, sont : Le roulage. Le remplissage. Le pliage. L'empaquetage.

ROULAGE.

Sur quoi roule-t-on les cartouches sans balles?	Sur un mandrin du diamètre de 0^m016 et d'une largeur de 0^m19, hémisphérique à l'une de ses extrémités.
Quelle attention doit-on avoir quand on forme le quatrième pli?	En formant les plis sur la partie arrondie du mandrin, on a soin de tordre le quatrième pli avant de le rabattre.
De quoi se sert-on pour serrer les plis ?	Après avoir roulé et serré les plis du trapèze sur le mandrin, on se sert d'un dé ou d'un sabot pour serrer les plis.
Comment serre-t-on les plis ?	On coiffe avec le dé la partie arrondie du mandrin enveloppé; on tient le pouce de la main droite sur le dé et avec les doigts de cette main, on serre le dé et le mandrin ; on frappe ensuite deux ou trois coups sur la table.
Que doit-on faire quand on se sert du sabot?	On engage la partie du mandrin sur laquelle sont formés les plis dans le trou du sabot, et l'on presse le mandrin dans le fond du trou, en tournant la main pour bien serrer les plis ; on dégage l'étui de papier et on le pose dans la caisse.

REMPLISSAGE.

<table>
<tr><td>Comment remplie-t-on les cartouches sans balles?</td><td>Les cartouches sans balles sont remplies à l'aide d'une mesure contenant 7 grammes de poudre.</td></tr>
</table>

PLIAGE.

<table>
<tr><td>Comment plie-t-on les cartouches sans balles?</td><td>On forme un premier pli rectangulaire, en croisant le bout libre du trapèze sur la poudre; on fait ensuite un second pli pour ramener le bout libre sur la cartouche.</td></tr>
</table>

EMPAQUETAGE.

<table>
<tr><td>Comment fait-on l'empaquetage des cartouches sans balles ?</td><td>Il se fait comme celui des autres cartouches, mais les paquets en renferment 10 au lieu de 6, et les sachets 12 capsules au lieu de 8.</td></tr>
<tr><td>Comment confectionne-t-on le sachet de 12 capsules?</td><td>Il peut se confectionner avec la fourchette en bois qui sert à construire les sachets de 8. On place les capsules par rangée de 6 entre les dents de la fourchette, en ayant soin de mettre dans chaque rangée les rebords alternativement en dessus et en dessous. De cette manière, la longueur du sachet est assez petite pour ne point déborder les côtés du paquet.</td></tr>
<tr><td>De quel papier se sert-on pour envelopper les paquets, et quelles sont ses dimensions ?</td><td>L'enveloppe est un papier de cartouches et peut avoir les mêmes dimensions que celles du paquet de six cartouches à balles. La longueur du bout de ficelle est la même pour les deux espèces de paquets.</td></tr>
</table>

ANNEXES.

PREMIÈRE ANNEXE.

THÉORIE DES CONSIGNES.

SECTION PREMIÈRE.

De la garde et des factionnaires, en rade et à la mer.

Service de la garde.

La garde, en rade, fournit les factionnaires dans les différentes parties du bâtiment, rend les honneurs au pavillon et aux autorités qui viennent à bord ou qui en partent, et est employée à tous autres services compatibles avec celui des factions et des honneurs, et qui sont désignés dans les différents ordres de service.

Composition de la garde.

1. La garde journalière se compose de deux quartiers-maîtres, caporaux de garde; d'un quartier-maître, caporal de consigne; d'un tambour et d'un nombre d'hommes désignés, habituellement double du nombre de factionnaires à fournir.

2. Les hommes qui forment la garde sont pris dans les compagnies de débarquement, et alternativement dans chaque bordée; les caporaux de garde et de consigne sont choisis, autant que possible, parmi les quartiers-maîtres de canonnage.

Tenue de la garde.

1. Le service de la garde se prend à 7ʰ 45ᵐ du matin. Les hommes qui doivent monter la garde descendent se changer avec la première bordée et restent aux sacs jusqu'à 7ʰ 40ᵐ. Ceux qui quittent la garde prennent la tenue de jour après 8 heures.

2. En temps ordinaire, les hommes de garde sont en grande tenue. Lorsque l'équipage est en caban, ils portent également ce vêtement.

3. La garde montante est inspectée, aussitôt après qu'elle est habillée, par le capitaine d'armes, qui rend compte de son inspection à l'officier de quart et à l'officier en second.

Division du service entre les deux caporaux de garde. — Leur service pendant la nuit.

1. Le service entre les deux caporaux de garde est divisé ainsi :

L'un d'eux est chargé de placer les factionnaires aux heures fixées ;

il les surveille et reçoit leurs rapports, à l'exception toutefois de ceux des factionnaires des portières.

L'autre se tient dans le voisinage des portières, pour surveiller les factionnaires de cette partie du bâtiment, répondre à leur appel lorsqu'une embarcation se dirige vers le bord, ou que son intervention est nécessaire pour tout autre motif, et être présent au départ de toute embarcation.

2. La nuit, ces deux caporaux alternent, depuis le branle-bas du soir jusqu'à minuit et depuis minuit jusqu'au branle-bas du matin, pour placer les factionnaires fournis par la garde, les surveiller et recevoir leurs rapports.

3. Ils sont armés d'un sabre, qu'ils ne doivent jamais déposer.

Attributions du caporal de garde. — Il réunit la garde pour rendre les honneurs au pavillon.

1. Le caporal de garde chargé de placer les factionnaires surveille l'exécution des consignes de ces factionnaires. Il se rend à leur appel et fait observer l'obéissance qui leur est due.

2. Il se transporte partout où quelque désordre s'est produit. Il y rétablit l'ordre et vient en aide, à cet effet, à tout supérieur présent.

3. Le caporal de garde s'assure que les hommes de garde ne s'éloignent pas du poste qu'ils doivent occuper habituellement, si ce n'est lors des manœuvres générales où leur concours est exigé d'après l'ordre de service.

4. Lorsque, aux heures régulières, le pavillon de poupe est hissé ou rentré, ce caporal réunit la garde sur le gaillard d'arrière, où il la range en travers du bâtiment. Au moment où le mouvement du pavillon a lieu, il fait rendre les honneurs prescrits.

5. Lorsque la garde est appelée sur le pont pour rendre les honneurs à une autorité, il réunit tous ceux des hommes de garde qui ne sont pas en faction, et les place en rang dans la partie du bâtiment désignée à cet effet. Il commande la garde, lorsque, dans cette circonstance, un aspirant n'est pas chargé de ce commandement.

6. Lorsqu'il relève les factionnaires, il réunit ceux qui vont en faction, sur l'arrière de la batterie haute, et les conduit tous ensemble successivement à leurs différents postes, en commençant par ceux du pont. Il ramène semblablement les factionnaires relevés.

Service du caporal de garde aux portières. — Il reconnait les personnes qui montent à bord, ou qui le quittent. — Il ne laisse rien emporter du bord sans autorisation. — Il fait dégager l'abord des portières.

1. Le caporal de garde aux portières prévient le capitaine d'armes, ou le sergent d'armes qui le supplée pour ce service, de l'arrivée et du départ de toute embarcation.

2. Il ne laisse monter à bord aucune personne étrangère au service, sans s'être assuré que l'officier de quart autorise cette personne à monter. Il reconnaît toutes celles qui quittent le bord, et n'en laisse débarquer aucune sans avoir constaté qu'elle y est autorisée.

3. Il s'assure également qu'aucun objet n'est emporté du bord ou n'y est apporté sans autorisation.

4. Lorsqu'il conçoit des doutes sur la légalité de l'embarquement ou du débarquement de diverses personnes ou de divers objets, le capitaine d'ar-

mes ou son suppléant n'étant pas présent, il s'adresse à l'officier de quart avant de permettre cet embarquement ou ce débarquement.

5. Il empêche toute réunion d'hommes dans le voisinage des portières, et réprime tout désordre qui pourrait y survenir.

Le caporal de consigne est spécialement chargé du transport et de la surveillance des feux. — Il s'assure que les feux restent dans les fanaux.

1. Le caporal de consigne a pour fonctions spéciales de surveiller tous les feux du bâtiment et de transporter de la lumière partout où il en est besoin.

2. Il ne transporte jamais de lumière autrement que dans un fanal fermé, et, lorsqu'il y a lieu d'allumer cette lumière, il ne le fait qu'à la mèche pendant le jour, et au fanal de consigne pendant la nuit.

3. Il s'assure que tous les feux du bâtiment, hors ceux des chambres et des postes fermés, restent dans les fanaux et n'en sont jamais extraits.

Rondes des caporaux de garde et de consigne. — Recours à l'autorité.

1. Les caporaux de garde et de consigne font, en outre, le jour et la nuit, les rondes prescrites par le tableau de service et toutes autres qui leur sont ordonnées, ou qui sont nécessaires au maintien de l'ordre, dans toutes les parties du bâtiment.

2. Si, dans le cours de leur service, leur autorité était méconnue, ils s'adresseraient au capitaine d'armes, à l'un des sergents d'armes, et, au besoin, à tout supérieur qui se trouverait à portée.

Honneurs à rendre lors du transport du saint viatique.

Lorsque le saint viatique doit être porté à l'hôpital ou tout autre part, le caporal de garde réunit quatre hommes de garde armés de leurs baïonnettes, et l'accompagne avec ses hommes, en faisant ranger toutes les personnes qui peuvent se trouver sur son passage.

Les hommes de garde ne sont tenus qu'aux exercices généraux. — Ils se tiennent au poste de garde.

1. Pendant la durée de leur garde, les hommes de garde sont exempts de tous les exercices autres que les exercices généraux.

2. Ils se tiennent habituellement sur l'arrière de la batterie haute, prêts à s'assembler en armes au premier signal.

Service de la garde, à la mer. — Les hommes de garde sont choisis dans la bordée de quart.

1. A la mer, le service de la garde consiste à fournir des factionnaires dans diverses parties du bâtiment.

2. Le nombre des hommes de garde est fixé par le capitaine suivant les besoins du service.

3. Ces hommes sont choisis alternativement parmi ceux des hommes de quart qui n'ont pas de postes spéciaux.

4. La garde, à la mer, comporte deux caporaux de garde, un de chaque bordée, et un caporal de consigne.

Service de la garde pendant le jour et pendant la nuit.

1. Le service de la garde, en rade et à la mer, est divisé en factions de jour et factions de nuit.

2. En rade, le jour, il peut y avoir habituellement jusqu'à 12 factionnaires permanents fournis par la garde, savoir :
        1 au logement du capitaine,
        1 au poste de la consigne,
        1 à la mèche,
        2 aux cuisines,
        2 aux portières,
        1 sur le gaillard d'avant,
        1 à la porte de l'hôpital,
        1 au charnier,
        1 au carré des officiers,
        1 à la porte de la grand'chambre.
3. La nuit, le nombre de ces factionnaires est réduit à 6, savoir :
        1 au logement du capitaine,
        2 aux portières,
        1 sur le gaillard d'avant,
        1 aux cuisines,
        1 au poste de la consigne.
4. A bord des bâtiments où le logement du capitaine est dans la batterie haute, le factionnaire du logement du capitaine est en même temps factionnaire de la consigne.
5. A bord des vaisseaux à deux ponts, le factionnaire de la consigne est également factionnaire de la porte de la grand'chambre.
6. Lorsque la mèche est placée dans le voisinage des cuisines, le factionnaire de la mèche est en même temps factionnaire de la cuisine du bord où est la mèche.
7. A la mer, les factionnaires des portières et celui du gaillard d'avant sont supprimés.
8. Le nombre des factionnaires ci-dessus mentionné peut être augmenté ou réduit selon la force du bâtiment et les circonstances où il se trouve.

Heures de faction.

En rade, les heures de faction sont habituellement réparties comme il suit :
De 7ʰ 3/4 du matin à 9 heures,
De 9 heures à 11ʰ 1/2,
De 11ʰ 1/2 à 1ʰ 1/2,
De 1ʰ 1/2 à 3ʰ 1/2,
De 3ʰ 1/2 à 5ʰ 1/2,
De 5ʰ 1/2 au branle-bas du soir,
Du branle-bas à 8ʰ 1/2,
De 8ʰ 1/2 à 10ʰ 1/2,
De 10ʰ 1/2 à minuit 1/2,
De minuit 1/2 à 2ʰ 1/2,
De 2ʰ 1/2 à 5ʰ 1/2,
De 5ʰ 1/2 à 7ʰ 3/4.

Les factionnaires autres que ceux de la garde sont choisis dans la bordée de quart et nommés par un second maître.

1. La nuit, en rade, tous les factionnaires autres que ceux mentionnés

ci-dessus, sont choisis parmi les hommes de quart, placés et surveillés par un second maître qui est désigné à cet effet, et qui est chargé de recevoir leurs rapports. Ce second maître est accompagné par un fourrier de quart.

2. Tous les hommes de quart concourent également à ce service, à l'exception des gabiers désignés pour veiller à des postes déterminés, et des chefs de pièce et chargeurs affectés à la garde de la mèche et des feux mobiles dont on peut avoir besoin.

3. Ils sont désignés au commencement de chaque quart, dès que l'appel est fini.

4. Leur faction dure habituellement une heure.

Appel des hommes qui vont en faction la nuit.

Cinq minutes avant l'heure prescrite pour changer les factionnaires, le second-maître chargé de ce service demande à l'officier de quart à faire sur le pont l'appel des hommes, qui n'appartiennent pas à la garde, désignés pour aller en faction.

Changement des factionnaires.

1. Chaque fois que des factionnaires sont relevés, le second maître ou le caporal de garde leur indique les postes qu'ils occuperont lorsqu'ils iront de nouveau en faction.

2. Ceux qui n'appartiennent pas à la garde sont réunis sur le gaillard d'arrière après avoir été relevés ; le second maître chargé de ce service en fait l'appel, rend compte à l'officier de quart qu'ils ont tous été remplacés et fait rompre les rangs.

Défense de s'asseoir, etc.

1. Il est interdit à tout factionnaire, gardien ou rondier, de s'asseoir, de causer, de lire, de chanter ou de fumer.

2. Les factionnaires ne doivent jamais abandonner leur arme.

Salut des factionnaires.

1. Lorsque le capitaine, un officier ou un membre de la Légion d'honneur, portant la croix de l'ordre, passe devant un factionnaire, ce factionnaire fait face en tête et salue de son arme.

2. Ce salut est dû aux officiers de toute arme et de toute nation.

Police du poste des factionnaires.

1. Les factionnaires s'opposent à tout désordre qui se produirait autour de leur poste.

2. Ils répriment, sur le champ, par tous les moyens en leur pouvoir, toute violation ouverte de leur consigne.

3. Ils maintiennent l'ordre et le silence dans le voisinage de ce poste.

4. Ils ne permettent à personne de s'y asseoir et n'y souffrent aucun attroupement. Lorsque le service exige que des hommes y séjournent, ils en sont prévenus par le caporal de garde.

Rondes de nuit

Lorsqu'une ronde de nuit s'approche d'un factionnaire, ce factionnaire la hèle par le cri de *ho du fanal !* et la reçoit auprès du poste dont la surveillance lui est confiée.

Remplacement pendant les repas.

L'homme qui est en faction au commencement du repas est relevé une demi-heure après le coup de sifflet qui indique le repas.

Remplacement aux changements de quart.

A la mer, tout homme qui termine le quart, étant en faction, reprend cette même faction en remontant au quart, et y reste jusqu'à ce qu'il ait été relevé.

Recours quand un factionnaire n'est pas obéi.

Toutes les fois qu'une personne quelconque ne se soumet pas aux injonctions qui lui sont adressées, en exécution d'une consigne par un factionnaire ou par tout autre homme préposé à la garde d'un poste, et que les moyens de répression dont ces derniers disposent ont été inefficaces, ils ont recours à l'autorité du caporal de garde, à celle du capitaine d'armes, ou, au besoin, à celle de tout supérieur qui se trouve à portée.

SECTION II.

Des Consignes.

§ 1er. — *Consigne du factionnaire du logement du capitaine.*

Son poste.

1. Ce factionnaire est placé à la porte extérieure de cet appartement. Il ne s'en éloigne pas au delà de l'arrière du panneau du dôme.
2. Il est armé d'une baïonnette ou d'un sabre.

Personnes auxquelles est permise l'entrée du logement du capitaine.

1. Il ne permet l'entrée du logement du capitaine qu'aux officiers généraux et supérieurs, aux officiers militaires et civils qui font partie de l'état-major, aux aspirants de service, au capitaine d'armes, aux caporaux de garde et de consigne, aux timoniers de service, aux domestiques du capitaine et aux personnes qui ont été appelées.
2. Lorsqu'une personne qui n'a pas été appelée se présente pour entrer dans le logement du capitaine, le factionnaire s'adresse à un timonier, qui s'informe si cette personne peut être reçue.

Police de l'escalier du dôme.

Hors le cas où tout l'équipage monte sur le pont pour une manœuvre générale, il ne laisse passer par l'escalier qui communique du gaillard à la batterie, près de son poste, que les personnes de l'état-major, les aspirants, les maîtres chargés, les caporaux de garde et de consigne, les timoniers de service, et les personnes étrangères qui viendraient visiter le capitaine et les officiers.

§ 2. — *Consigne du factionnaire du poste de la consigne.*

Son poste.

1. Ce factionnaire est placé au poste affecté à la consigne. Il ne peut s'éloigner de ce poste qu'à une distance de dix pas au plus.

2. Il est armé d'une baïonnette.

Police autour de son poste.

Il ne permet à personne de s'asseoir sur l'arrière du dernier canon.

Police des escaliers près de la consigne.

Hors le cas où tout l'équipage est appelé sur le pont pour une manœuvre générale, il ne laisse monter et descendre par les escaliers de l'arrière que les personnes de l'état-major, les aspirants, les maîtres chargés, les caporaux de garde et de consigne, les timoniers de service, et les personnes étrangères qui viendraient visiter le capitaine et les officiers.

Il est responsable des objets déposés à la consigne et confiés à sa garde.

Il est responsable des objets confiés à sa garde ; il ne laisse rien déposer à son poste et n'en laisse rien emporter sans un ordre d'un officier de service, du capitaine d'armes ou d'un caporal de garde.

Par qui doit être prise la lumière du fanal.

Il veille attentivement le fanal de consigne et n'y laisse prendre de lumière que par le caporal de consigne et par les timoniers de service qui en ont reçu l'ordre de l'officier de quart.

Heure de relever les factionnaires.

Il prévient le caporal de garde un peu avant l'heure de relever les factionnaires.

§ 3. — *Consigne du factionnaire de la mèche.*

Son poste.

1. Ce factionnaire se tient constamment près de la mèche.

2. Il est armé d'une baïonnette.

Le caporal de consigne a seul le droit de prendre de la lumière. — Les pipes doivent être couvertes d'un calumet. — La mèche ne peut être déplacée ou transportée que par lui.

1. Le factionnaire de la mèche ne laisse prendre de lumière que par le caporal de consigne.

2. Il permet aux fumeurs d'allumer leur tabac ; mais il exige que ceux qui font usage de pipes les couvrent d'un calumet, et il veille à ce que la mèche ne soit retirée de son baril que pour allumer le tabac, et qu'elle y soit remise de suite après.

3. Pendant la nuit, il ne laisse approcher qu'après avoir interrogé et reconnu la personne qui demande la mèche.

4. Il empêche que la mèche ne soit soufflée ou secouée de manière à faire voler des étincelles autour de son poste.

5. La mèche ne peut, sous aucun prétexte, être déplacée ou transportée par aucune autre personne que lui.

Il empêche tout attroupement autour de la mèche.

Il empêche autour de la mèche tout attroupement qui ne lui permettrait pas d'exécuter sa consigne.

§ 4. — *Consigne des factionnaires des cuisines.*

Leur poste.

1. Ces factionnaires se tiennent dans le voisinage immédiat des cuisines, un de chaque bord.

2. Ils sont armés d'une baïonnette.

Les hommes qui ont la permission de faire cuire des aliments doivent être accompagnés d'un caporal.

1. Ils sont chargés de maintenir l'ordre autour des cuisines.

2. Ils ne permettent à aucun homme de l'équipage de s'y présenter pour cuire des aliments, sans qu'il soit accompagné du caporal de garde ou d'un caporal d'armes.

3. Ils en font éloigner immédiatement tout homme qui causerait du tumulte ou de l'embarras.

Les cuisines doivent être toujours dégagées hors les heures de distribution.

Hors les heures de distribution, ils ne laissent approcher des cuisines et y séjourner d'autres personnes que le coq et ses aides, les infirmiers et les cuisiniers, les domestiques et autres personnes attachées au service du capitaine, de l'état-major, des aspirants ou des maîtres.

Défense de prendre du feu aux cuisines.

1. Ils ne laissent emporter le feu des cuisines que par le caporal de consigne.

2. Ils veillent à ce que personne n'y allume du tabac.

Les factionnaires veillent à la propreté des cuisines.

Ils empêchent de déposer aucune saleté près des cuisines, et veillent à ce que toutes les personnes qui y sont employées se conforment aux mesures de propreté qui y sont prescrites.

§ 5. — *Consignes des factionnaires des portières.*

Leur poste.

1. Ces factionnaires sont placés sur la partie avant des grands porte-haubans, ou sur des plates-formes disposées à cet effet dans le voisinage des portières.

2. Ils sont armés d'un fusil avec baïonnette.

Salut et honneurs militaires.

Ils rendent les honneurs aux officiers de toute arme et de toute nation qui montent à bord du bâtiment ou qui le quittent, et à ceux qui passent à portée dans des embarcations.

Embarcations venant à bord, le jour.

Dans le jour, lorsqu'ils aperçoivent une embarcation qui se dirige vers le bord, ils appellent le caporal de garde.

Embarcations passant en vue, la nuit.

1. La nuit, lorsqu'une embarcation passe en vue, ils la hèlent d'une voix forte et brève par les mots : *Ho du canot !*

2. Lorsque le patron de cette embarcation répond qu'elle vient à bord, ils appellent : *Caporal de garde !* et préviennent ce caporal si elle porte des officiers.

3. Ils s'abstiennent de héler toute embarcation qui a déjà répondu à l'interpellation d'un autre factionnaire.

Ils font feu si l'on ne répond pas à leur appel.

Si, leurs fusils étant chargés à balle pendant la nuit, ils ne reçoivent aucune réponse d'une embarcation qu'ils ont hélée trois fois distinctement, ils font feu, et crient : *aux armes !* en rechargeant leurs fusils.

Ils crient : *Bon quart !* à chaque demi-heure. — Ordre des cris de veille.

1. Lorsque, pendant la nuit, chaque demi-heure du quart est piquée sur la cloche, ils crient avec une intonation forte et allongée : *Bon quart, tribord* ou *bâbord !* selon le cas.

2. Le cri de : *Bon quart, tribord !* est poussé par le factionnaire de tribord immédiatement après que le timonnier de veille a lui-même crié : *Bon quart, derrière !* et le factionnaire de bâbord ne crie : *Bon quart, bâbord !* qu'après que le factionnaire du gaillard d'avant a crié : *Bon quart devant !*

Les embarcations étrangères au bâtiment ne peuvent s'amarrer le long du bord.

Les factionnaires des portières ne permettent pas aux embarcations étrangères au bâtiment de s'amarrer le long du bord ou sur les tangons, à moins qu'elles n'en aient obtenu l'autorisation de l'officier de quart.

Ils ne laissent rien suspendre à l'extérieur.

Ils ne laissent suspendre ou déposer, sans ordre, aucun effet ou objet à l'extérieur du bâtiment.

Personne ne doit stationner en dehors.

Ils ne permettent à qui que ce soit de stationner sur aucune partie extérieure du bâtiment, porte-haubans, mantelets de sabord, chaînes de haubans, etc., sans motif de service.

Arrivée à bord d'étrangers.

Lorsque des étrangers se présentent à bord, sans être accompagnés par un officier ou par un aspirant, les factionnaires les adressent au caporal de garde.

Défense de laisser embarquer des marchandises.

1. Ils ne laissent monter à bord aucun individu porteur de marchandises sans l'ordre de l'officier de quart.

2. Ils ne permettent également l'introduction d'aucune liqueur spiritueuse ou matière inflammable, à moins d'un ordre de la même autorité.

Ils ne laissent débarquer aucun objet sans ordre.

Ils ne permettent le débarquement d'aucune arme ou d'aucun objet quelconque que d'après l'ordre de l'officier de quart, et en présence du caporal de garde.

Ils ne laissent débarquer personne sans prévenir.

A l'exception des hommes attachés au service des embarcations, ils ne laissent débarquer aucune personne de l'équipage, excepté les maîtres, sans que le capitaine d'armes ou le caporal de garde leur ait fait connaître que cette personne est autorisée à s'absenter.

Ils veillent à ce qu'aucune communication n'ait lieu sur les sabords.

Ils empêchent toute communication du bâtiment à l'extérieur, et réciproquement, par les sabords ou par toute partie autre que les échelles à ce destinées.

Honneurs au pavillon.

1. Tous les jours, lorsque, aux heures régulières, le pavillon de poupe est arboré ou rentré, les factionnaires des portières font feu de leurs armes, en se tournant vers l'extérieur du bâtiment.

2. Ils font ensuite face à l'arrière, et présentent les armes jusqu'à ce que le mouvement du pavillon soit terminé.

§ 6. — Consigne du factionnaire du gaillard d'avant.

Son poste.

1. Ce factionnaire se tient sur la teugue ou, à défaut, sur une plate-forme disposée à cet effet entre le beaupré et le bastingage.

2. Il est armé d'un fusil avec baïonnette.

Salut et honneurs militaires.

Il rend les honneurs militaires aux officiers de toute arme et de toute nation qui passent à portée dans des embarcations.

Il surveille la poulaine.

Il maintient l'ordre dans la poulaine, et empêche que des hommes ne s'y attroupent sans nécessité. Il y défend tout tumulte.

Il ne laisse pas monter sur la teugue.

Il ne laisse monter aucun homme de l'équipage sur la teugue ou sur la plate-forme qu'il occupe.

Personne ne doit stationner en dehors.

Il ne laisse stationner sur les parties extérieures du bâtiment, telles que ancres, minots, bossoirs, liures, martingales, etc., aucune personne autre que celles qui y sont appelées par le service.

Embarcations venant à bord, le jour.

Le jour, lorsqu'une embarcation venant dans la direction de l'avant se dirige vers le bord, il en prévient le caporal de garde.

Embarcations passant en vue, la nuit.

1. La nuit, lorsqu'une embarcation passe en vue, il la hèle d'une voix forte et brève par les mots : Ho du canot !

2. Lorsque le patron de cette embarcation lui répond qu'elle vient à bord, il appelle le caporal de garde et le prévient si elle porte des officiers.

3. Il s'abstient de héler toute embarcation qui a déjà répondu à un autre factionnaire.

Il fait feu si l'on ne répond pas à son appel.

Si, son fusil étant chargé à balle pendant la nuit, il ne reçoit pas de réponse d'une embarcation après l'avoir hélée distinctement trois fois, il fait feu et crie : *Aux armes !* en rechargeant son fusil.

Il crie : *Bon quart* chaque demi-heure.

Lorsque, pendant la nuit, chaque demi-heure du quart est piquée sur la cloche, il crie avec une intonation forte et allongée : *Bon quart, devant !* aussitôt après que le factionnaire de la portière de tribord a crié : *Bon quart, tribord !*

Il ne laisse pas accoster par l'avant.

La nuit, il ne permet à aucune embarcation étrangère de stationner près du bâtiment, de l'accoster, ni même de l'élonger par l'avant.

Il veille les bouées.

Il veille les bouées et empêche toute embarcation de s'y amarrer.

Il empêche les communications autrement que par les échelles.

Il interdit toute communication du bâtiment à l'extérieur, et réciproquement, par les sabords, les écubiers, ou tout passage autre que les échelles à ce destinées.

Il ne laisse rien suspendre en dehors.

Il ne laisse suspendre ou déposer aucun effet ou objet à l'extérieur du bâtiment.

Il surveille la forge.

Lorsque la forge est allumée sur le gaillard d'avant, il empêche dans son voisinage tout attroupement qui serait de nature à gêner le travail du forgeron ou de ses aides et la surveillance du feu.

Il veille les signaux et prévient les timoniers.

Lorsque, le jour ou la nuit, il aperçoit des signaux à bord des bâtiments qui sont dans la direction de l'avant, et qu'un timonier n'est pas placé près de son poste pour ce service, il appelle l'attention des timoniers de l'arrière en criant d'une voix forte et brève : *Signaux !*

Honneurs au pavillon.

1. Tous les jours, lorsque, aux heures régulières, le pavillon de poupe est arboré ou rentré, il fait feu de son arme en se tournant vers l'extérieur du bâtiment.

2. Il fait ensuite face à l'arrière et présente l'arme jusqu'à ce que le mouvement du pavillon soit terminé.

6

§ 7. — *Consigne du factionnaire de la porte de l'hôpital.*

Son poste.

1. Ce factionnaire se tient dans le voisinage de la porte de l'hôpital.
2. Il est armé d'une baïonnette.

Police du poste de l'hôpital.

Il ne laisse entrer dans l'hôpital que les personnes appartenant à l'état-major du bâtiment, les malades, les infirmiers et leurs aides, et les hommes qui vont passer à la visite du chirurgien.

Il empêche tout tumulte dans son voisinage.

Il empêche tout tumulte dans le voisinage de l'hôpital; il n'y permet aucune réunion d'hommes et y maintient le silence.

§ 8. — *Consigne du factionnaire du charnier.*

Son poste.

1. Ce factionnaire se tient auprès du charnier.
2. Il est armé d'une baïonnette.

Maintien de l'ordre.

Il maintient strictement l'ordre autour du charnier; il y arrête toute querelle ou tout tumulte.

Il empêche de perdre de l'eau.

Il empêche que les hommes ne perdent de l'eau et n'en répandent dans le voisinage du charnier.

§ 9. — *Consigne du factionnaire du carré des officiers.*

Son poste.

1. Ce factionnaire se tient près de l'échelle qui communique du carré à la batterie basse.
2. Il est armé d'une baïonnette.

Police du carré.

1. Il ne laisse séjourner dans le carré que les officiers, les aspirants et les domestiques attachés au service du capitaine et des officiers.
2. Il maintient l'ordre et fait observer le silence par ces domestiques.

Police de l'échelle du carré.

Il ne permet à aucune personne autre que celles de l'état-major, aux aspirants, aux maîtres chargés, aux caporaux et timoniers de service, et aux domestiques du capitaine et des officiers, de passer par l'échelle qui communique du carré à la batterie basse.

Transport de la lumière.

Il ne permet pas de transporter de la lumière dans aucune partie du carré autrement que dans un fanal fermé.

Soute aux poudres.

Il ne laisse ouvrir le panneau de la soute aux poudres que par le maître canonnier ou par le second maître spécialement chargé du service de la soute.

§ 10. — *Consigne du factionnaire de la grand'chambre.*

Son poste.

1. Ce factionnaire est placé à la porte extérieure de la grand'chambre.
2. Il ne peut s'éloigner de ce poste qu'à une distance de dix pas au plus.
3. Il est armé d'une baïonnette.

Police autour de son poste.

Il ne permet à personne de s'asseoir en arrière du dernier canon, et défend, dans le voisinage de son poste, toute réunion d'hommes qui pourrait occasionner du désordre.

Office de l'état-major.

Il ne laisse entrer dans l'office de l'état-major que les hommes attachés au service des officiers.

Accès de la grand'chambre.

Il fait tenir constamment dégagé le passage entre l'échelle arrière de la batterie et la porte de la grand'chambre.

Police des échelles qui avoisinent son poste.

Hors le cas où tout l'équipage est mis en mouvement pour une manœuvre générale, il ne laisse passer par les échelles arrière de la batterie que les officiers, les aspirants, les maîtres chargés, les caporaux de garde et de consigne, les timoniers de service, les domestiques du capitaine et de l'état-major, et les personnes étrangères qui viendraient visiter les officiers.

SECTION III.

Des Rondes.

Par qui sont faites les rondes.

1. Les rondes de nuit sont faites par les aspirants de quart et les officiers mariniers, à des heures qui varient chaque jour, et qui sont fixées après le branle-bas par l'officier en second.
2. La liste des officiers mariniers qui doivent faire des rondes pendant la nuit est remise par l'officier en second à l'officier qui a le premier quart de nuit.
3. Les officiers de quart désignent les aspirants ou toutes autres personnes qui, indépendamment des rondes ordonnées par l'officier en second, en feront d'autres pendant leur quart à des heures non fixées d'avance.

Maîtres qui sont exempts de ce service.

Le maître de manœuvre, le capitaine d'armes, le maître mécanicien, quand les feux sont allumés, le maître armurier et le maître forgeron ne concourent pas pour le service des rondes.

Rondes faites par les seconds maîtres et caporaux de garde.

1. Le service des rondes est également confié aux seconds maîtres et aux caporaux de garde, lorsqu'ils placent les factionnaires, et à un certain nombre de chefs de pièce.

2. Une de ces rondes a lieu habituellement entre 9 heures et 11 heures, et une seconde entre 1 heure et 3 heures.

Devoirs des supérieurs chargés des rondes.

1. Les officiers, aspirants ou maîtres faisant leur ronde sont accompagnés d'un chef de pièce ou d'un quartier-maître porteur d'un fanal fermé, et muni des clefs de la prison, et d'un fourrier, qui tient le cahier des factionnaires.

2. Ils doivent être hélés par tous les factionnaires par le cri : *Ho du fanal !* auquel ils répondent : *Ronde*, et sont reçus par eux auprès du poste confié à leur surveillance.

3. Ils vérifient si le numéro du factionnaire est exactement inscrit sur le cahier du fourrier.

4. S'ils aperçoivent des hamacs à la traîne, ils les font consigner au factionnaire le plus voisin.

5. Ils font arrêter tous les hommes rôdant dans l'intérieur du bâtiment, et les font conduire à l'officier de quart après les avoir interrogés.

6. Enfin, ils s'attachent à maintenir l'ordre et le silence, et rendent compte à l'officier de quart de toute irrégularité qu'ils auraient pu apercevoir.

Marrons.

Les rondes sont contrôlées par des marrons qui sont déposés dans des boîtes placées à la cale, à la sainte-barbe, à la consigne et à divers autres postes, après qu'ils ont été reçus soit de l'officier en second, soit de l'officier de quart, soit de certains factionnaires à qui le capitaine d'armes les a remis préalablement, selon les cas.

Compte à rendre après chaque ronde.

Dès qu'une ronde est terminée, l'officier de quart doit être informé du résultat par la personne qui l'a faite.

SECTION IV.

Consigne du timonier de veille.

—

Son poste. — Il ne quitte jamais sa longue-vue et ne peut être dérangé.

1. Le timonier de veille se tient sur la dunette. A bord des bâti-

ments qui n'en ont pas, il se tient sur la partie arrière du gaillard d'arrière de laquelle il peut le mieux apercevoir les mouvements extérieurs.

2. Le jour, il est porteur d'une longue-vue qu'il lui est défendu de déposer.

3. Il ne doit, pour quelque motif que ce soit, se laisser détourner de son service de veille.

Service de veille.

1. Il veille avec une attention continue les signaux, la terre, les bâtiments en vue, les embarcations, les sémaphores, les batteries des côtes, et en général toutes les manœuvres et tous les mouvements qui ont lieu en vue, et plus particulièrement à bord du commandant supérieur.

2. Il prévient ou fait prévenir immédiatement l'officier de quart de tout ce qu'il aperçoit.

Service de jour.

Le jour, lorsqu'une embarcation se dirige vers le bord, il en prévient ou en fait prévenir sur-le-champ l'officier de quart, et indique si cette embarcation porte des officiers.

Embarcations passant en vue, la nuit.

1. La nuit, lorsqu'une embarcation passe en vue, il la hèle d'une voix forte et brève par le cri : *Ho du canot!*

2. Lorsque le patron de cette embarcation répond qu'elle vient à bord, il rend compte ou fait rendre compte sur-le-champ à l'officier de quart de la réponse de ce patron.

3. Il s'abstient de héler toute embarcation qui a déjà répondu à un autre factionnaire.

Il fait feu si l'on ne répond pas à son appel.

Si, par ordre du capitaine, le timonier de veille est armé, la nuit, d'un fusil chargé à balle, il fait feu de cette arme lorsqu'une embarcation qu'il a hélée trois fois ne lui a pas répondu. Il crie en même temps : *Aux armes!* et recharge son fusil.

Il surveille les embarcations amarrées derrière.

Lorsque des embarcations sont amarrées à la poupe du bâtiment, il les surveille, et prévient ou fait prévenir immédiatement l'officier du quart si elles vont en dérive ou s'il leur arrive quelque accident.

Il surveille la bouée de sauvetage. — Il suit des yeux l'homme tombé à la mer.

1. Il se tient constamment prêt à laisser tomber la bouée de sauvetage lorsqu'un homme tombe à la mer.

2. En prenant le quart, il s'assure, concurremment avec l'homme qui a pu être placé en faction à ce poste, que rien n'engage l'aiguillette qui retient cette bouée.

3. Dès qu'un homme tombe à la mer, il est chargé de suivre cet homme des yeux, sans le perdre un instant de vue, immédiatement après avoir laissé tomber la bouée.

Il veille les bouées du bâtiment.

1. Il veille sur celles des bouées du bâtiment qui sont en vue de son poste.

2. Lorsqu'une bouée est assez près de l'arrière pour qu'il y ait lieu de craindre qu'elle ne s'engage dans le gouvernail, il prévient ou fait prévenir l'officier de quart de cette circonstance.

3. Il ne souffre qu'aucune embarcation s'amarre sur les bouées.

Il empêche que les embarcations ne s'amarrent à la poupe.

Il empêche toute embarcation de s'amarrer à la poupe du bâtiment sans en avoir reçu l'autorisation.

Il crie : *Bon quart !* à chaque demi-heure.

Lorsque, pendant la nuit, les demi-heures du quart sont piquées sur la cloche, il crie avec une intonation sonore et allongée : *Bon quart, derrière !* immédiatement après le dernier coup de la cloche.

SECTION V.

Consigne des Rondiers des batteries.

—

Poste des rondiers.

Les rondiers, pris parmi les chefs de pièce et les chargeurs de la bordée qui n'est pas de quart, circulent dans la partie de la batterie qui leur est assignée.

Ils maintiennent la propreté du matériel.

Ils sont chargés du maintien de la propreté de la batterie et de l'entretien de celle du matériel.

Ils maintiennent l'ordre.

Ils maintiennent l'ordre dans les batteries, ils y empêchent tout tumulte, et s'il se produit quelque désordre qu'ils ne puissent réprimer, ils appellent le second maître de service de la batterie.

Police des batteries.

Ils empêchent de faire aucune malpropreté dans les batteries;
D'y accrocher des hardes ou de les y laisser traîner ;
De commettre aucune dégradation ;
De déplacer les projectiles, armes, ustensiles ou autres objets qui font partie de l'armement des batteries ;
De monter ou de s'asseoir sur les canons ou les affûts, de les salir ou de les dégrader d'une manière quelconque;
De séjourner sur les embrasures des sabords ou de s'y placer pour examiner les mouvements extérieurs ;
D'ouvrir ou de fermer les sabords ou hublots.

Ils empêchent de se changer dans les batteries.

Ils empêchent les hommes de l'équipage de changer de vêtements dans les batteries, sans ordre, ou d'y paraître sans être vêtus.

Ils surveillent les fumeurs.

1. Ils ne laissent personne fumer autre part que dans les parties du bâtiment à ce destinées.

2. Ils empêchent de cracher ailleurs que dans les crachoirs.

Postes de l'équipage. — Abord des échelles. — Montage des tables.

1. Ils ne laissent séjourner les hommes de l'équipage que dans les parties des batteries qui leur sont réservées.

2. Ils exigent que l'abord des échelles soit toujours dégagé.

3. Ils empêchent de monter d'autres tables que celles qui sont désignées, et de démonter sans autorisation celles qui doivent rester montées.

SECTION VI.

Consigne des gardiens du faux-pont

Poste des gardiens.

Ces gardiens, qui sont choisis parmi les hommes de conduite les moins valides, circulent dans la partie du faux-pont qui leur est assignée.

Il est défendu de se tenir dans le faux-pont.

A bord des bâtiments à batterie couverte, ils ne laissent descendre dans le faux-pont aucune personne de l'équipage autre que les maîtres chargés et les seconds maîtres, les agents des vivres et du magasin général pour se rendre à leurs postes, les caliers et toute autre personne que le service y appelle.

Prise des sacs.

1. Hors les heures où l'équipage prend les sacs ou change de tenue, ils ne laissent aucun homme toucher à son sac sans permission. Lorsqu'un homme a obtenu cette permission, ils en sont informés par le capitaine d'armes ou un de ses agents.

2. Lorsqu'un homme a été autorisé à prendre son sac, ils exigent que cet homme le remette en place lorsqu'il n'en a plus besoin, et qu'il remonte immédiatement.

Police du faux-pont ; ouverture des hublots.

Ils empêchent de commettre aucune dégradation dans le faux-pont ;

D'y suspendre ou laisser traîner des hardes ;

De déplacer aucun des objets qui s'y trouvent :

Et d'ouvrir les hublots sans ordre.

Surveillance des feux.

Ils veillent à ce qu'il ne soit transporté dans le faux-pont aucune lumière autrement que dans un fanal fermé.

Surveillance des brasières.

Lorsque les brasières destinées à assécher le faux-pont leur sont consignées, en même temps qu'aux chefs de pièce, ils empêchent qui que ce soit de s'en approcher et d'y prendre du feu.

Police du four.

1. Lorsque le four est allumé, ils ne permettent à personne autre que le boulanger et ses aides de s'en approcher.

2. Ils n'y laissent point prendre de feu.

3. Ils empêchent également toute personne de s'approcher du poste du boulanger, et de troubler cet agent dans l'exercice de ses fonctions.

Maintien de l'ordre dans le faux-pont.

Lorsque des hommes sont réunis dans le faux-pont, les gardiens empêchent tout attroupement dans le voisinage du poste des maîtres, de la cambuse et du grand panneau.

Ordre à maintenir dans les bastingages du faux-pont.

1. Après les changements de tenue et après que l'équipage a été aux sacs, ils rectifient les bastingages et mettent en ordre les objets qui sont sur les étagères et qui ont pu être dérangés.

2. Lorsqu'ils trouvent des effets à la traîne, ils les remettent au capitaine d'armes ou à un des sergents d'armes.

SECTION VII.

Consigne des embarcations.

Surveillance des embarcations.

La tenue des embarcations en service est sous la surveillance et la responsabilité des officiers, aspirants, officiers mariniers ou patrons qui les commandent.

Le patron commande en l'absence d'un autre chef.

Lorsqu'une embarcation n'est pas commandée par un officier, un aspirant ou un officier marinier, le patron, ou, en son absence, le brigadier, maintient l'ordre et le silence dans l'embarcation, et se conforme aux dispositions de la présente consigne.

Saluts de canot à canot.

1. Lorsqu'un inférieur, commandant une embarcation naviguant à l'aviron rencontre un canot portant un officier général, un officier supérieur

ou le capitaine de son bâtiment, il fait lever rames, la poignée de l'aviron touchant le fond de l'embarcation, et l'aviron portant toujours sur sa dame, jusqu'à ce que le canot soit passé ; les personnes qui sont dans la chambre du canot de l'inférieur se lèvent et saluent.

2. Lorsqu'un inférieur, commandant une embarcation naviguant à l'aviron, rencontre un officier qui lui est supérieur de grade, il fait lever rames, les avirons horizontaux, jusqu'à ce que le canot soit passé ; les personnes qui sont dans la chambre de l'embarcation de l'inférieur saluent.

3. Lorsque l'embarcation que monte l'inférieur navigue à la voile, les personnes qui sont dans la chambre de cette embarcation saluent ; si ce supérieur est officier général, officier supérieur ou le capitaine du bâtiment, les écoutes des voiles sont, en outre, filées en bande, jusqu'à ce que le canot qui le porte soit passé.

4. Ces saluts sont dûs aux supérieurs de toute arme et de toute nation.

On ne peut jouter de marche avec un supérieur.

Aucun canot, à moins qu'il ne soit porteur d'ordres, ne joute de marche avec celui d'un officier général ou supérieur, ou du capitaine du bâtiment.

Les canotiers restent dans l'embarcation.

1. A moins que la permission n'en ait été accordée, les canotiers ne montent jamais à bord du bâtiment où leur embarcation a été envoyée. L'embarcation doit rester mouillée ou sur les avirons, au large du bâtiment qui a été accosté.

2. Si l'embarcation accoste un quai ou une plage, les hommes ne quittent leur canot que pour des motifs de service, et l'embarcation se tient au large, mouillée ou sur les avirons, dès que les personnes ou les objets qu'elle portait ont été débarqués.

Défense de rien embarquer dans les canots sans permission.

1. Il est défendu à tout patron de canot et à tout canotier de recevoir dans son embarcation aucune personne ou un objet quelconque, sans y être autorisé par le supérieur qui commande l'embarcation.

2. En l'absence de ce supérieur, le patron est responsable de l'exécution de cet ordre.

Salut, lorsque les officiers embarquent.

Lorsque des officiers embarquent dans un canot ou en débarquent, les hommes qui sont dans cette embarcation saluent.

Silence et ordre dans les embarcations.

1. Lorsqu'une embarcation navigue à la voile ou à l'aviron, toute conversation est défendue parmi les hommes qui arment cette embarcation.

2. Les défenses sont rentrées, les mâts et voiles ou les avirons sont rangés avec soin.

On doit démâter lorsqu'on marche à l'aviron.

1. Les canots, lorsqu'ils naviguent à la voile, doivent, dans les circonstances ordinaires, porter les quatre voiles ou la misaine et le tape-cul.

2. Aucune embarcation, la chaloupe exceptée, ne navigue à l'aviron ayant ses mâts hauts. Toutes les fois que l'on amène les voiles, on démâte immédiatement.

Démontage du gouvernail, en remorquant.

Lorsqu'une embarcation remorque, soit un bâtiment de servitude, soit un objet quelconque devant offrir de la résistance, le gouvernail de cette embarcation est démonté, si elle navigue à l'aviron.

A l'aviron, les hommes sont sans paletots.

Toutes les fois que les hommes nagent dans une embarcation, ils doivent, à moins qu'il ne pleuve, ôter leurs paletots. Ils les remettent dès qu'ils rentrent les avirons.

Ne rien embarquer sans l'autorisation de l'officier de quart.

Lorsqu'une embarcation conduit des hommes à bord d'un bâtiment, ou y porte des objets quelconques, ces hommes ne peuvent monter à bord, et ces objets ne peuvent être embarqués, sans l'autorisation de l'officier de quart de ce bâtiment.

Embarcations amarrées sur les tangons ou à la poupe.

Habituellement, lorsqu'une embarcation doit séjourner sur les tangons ou être amarrée derrière, le gouvernail est démonté.

Les canotiers de garde saluent les officiers.

Les hommes de garde dans les canots amarrés à la poupe ou sur les tangons et ceux qui arment les embarcations attendant le long du bord ou d'un quai, les avirons rentrés, se découvrent et se lèvent pour saluer les officiers français ou étrangers qui arrivent ou passent près d'eux dans d'autres canots. Ils ne se rasseyent que quand ces officiers sont passés.

Défense de dormir ou de se coucher dans les canots.

Les hommes de garde dans les embarcations ne dorment ni ne se couchent dans les canots. Ils se tiennent habituellement dans la chambre de l'embarcation.

Embarcations hissées et amenées.

1. Lorsque les embarcations sont hissées, les gouvernails sont démontés, les sangles sont mises en place et la drôme est saisie au milieu.

2. Lorsqu'on amène une embarcation, la bosse doit être disposée à l'avance pour la maintenir dès qu'elle est à la mer.

Réponse des patrons aux interpellations des factionnaires de nuit.

1. La nuit, lorsqu'une embarcation est hélée par un factionnaire d'un bâtiment à bord duquel elle se rend, le patron de cette embarcation répond d'une voix forte et brève de la manière suivante :
Si elle porte un officier général, il répond : *amiral*;
Si elle porte le capitaine du bâtiment, il répond : *commandant*;
Si elle porte le capitaine d'un autre bâtiment, il répond par le même mot : *commandant*, précédé du nom de ce bâtiment;
Si elle porte tout autre officier supérieur, il répond : *officier supérieur*;
Si elle porte un officier, il répond : *officier*;
Si enfin, elle ne porte pas d'officier, il répond : *à bord*.

2. Lorsque l'embarcation ne va pas à bord du bâtiment d'où l'on hèle,

quelles que soient les personnes qu'elle transporte, le patron répond : *rade*.

3. En toutes circonstances, le patron seul répond aux interpellations des factionnaires.

Service divin.

1. A bord des bâtiments qui ont des aumôniers, l'office divin est célébré, les dimanches et jours de fêtes conservées, à l'heure indiquée par le tableau de service et dans la partie du bâtiment désignée par le capitaine, habituellement sur le pont, lorsque la saison le permet, et dans la batterie haute pendant l'hiver et dans les mauvais temps.

2. Aussitôt après l'inspection, la garde en armes, commandée par un aspirant, est rangée à droite et à gauche de l'autel. A la mer, un certain nombre d'hommes sont désignés pour ce service.

3. Le capitaine et l'état-major se placent aux siéges qui leur sont réservés.

4. Un roulement annonce le commencement de l'office divin ; la garde porte les armes. Lorsque le prêtre monte à l'autel, elle met l'arme au pied ; à l'Evangile, elle porte les armes. De l'Evangile au *Sanctus*, elle a l'arme au pied ; au *Sanctus*, elle porte de nouveau les armes A l'élévation, la garde met le genou en terre et les tambours battent aux champs. Après l'élévation, elle met l'arme au bras ; à la communion du prêtre, elle porte les armes et les tambours donnent trois coups de baguette ; elle met ensuite l'arme au bras. Lors de la bénédiction et lorsque le célébrant récite les prières pour le chef de l'Etat, elle porte de nouveau les armes.

SERVICE DES PLACES.

FONCTIONS

DES COMMANDANTS DE POSTE.

Que doit faire l'officier, sous-officier ou caporal désigné pour commander un poste?

A la formation des postes au quartier, chaque commandant de poste forme le sien et le partage en deux sections, observant de placer aux ailes les hommes les plus instruits. Il prend un ton de commandement décidé, et empêche le soldat de se négliger.

Que fera le commandant lorsqu'il arrivera près du poste avec sa garde?

La nouvelle garde arrivant à quinze pas de son poste, son commandant fera porter les armes, battre aux champs et prendre le pas; il la mettra en bataille à la gauche de l'ancienne garde.

Si le terrain ne permet pas de se placer à la gauche de l'ancienne garde, que fera-t-on?

Quand le terrain ne sera pas assez large pour les deux gardes de front, l'ancienne se placera face au corps de garde, auquel la nouvelle tournera le dos.

Sur combien de rangs la nouvelle garde doit-elle être formée?

Sur un, deux ou trois rangs, suivant sa force.

Ainsi, par exemple, s'il y a moins de onze hommes présents sous les armes, les sentinelles non comprises, la garde sera formée sur un rang; sur deux, s'il y a moins de dix-sept hommes, et, au-dessus de ce nombre, sur trois rangs.

Les caporaux se placeront toujours à la gauche de la garde, afin que les mêmes hommes aient toujours les mêmes chefs de file, et que le caporal puisse se détacher sans rien changer à la formation du poste.

La garde étant ainsi rangée, que doit faire le commandant?

Le commandant de la nouvelle garde lui fera charger les armes si elles doivent l'être au poste qu'il occupe; il la numérotera et lui fera prendre l'arme au bras. Il enverra le caporal de consigne faire la visite du corps-de-garde, et, après avoir reçu son rapport, il fera sortir des rangs les hommes qui doivent aller en faction, leur fera porter les armes et désignera la place de chacun.

Les sentinelles de l'ancienne garde étant rentrées, que doivent faire les commandants des deux gardes?

Les commandants des deux gardes feront porter les armes à leur troupe; l'ancienne partira, et, à quinze pas du poste, son commandant lui fera remettre la baïonnette, porter l'arme au bras, et la ramènera à son quartier.

Le commandant de la nouvelle garde fera en même temps l'inspection des armes, et, après que l'ancienne aura ôté la baïonnette, il mettra la sienne par le flanc, lui fera faire haut les armes, rompre les rangs, et placer les armes au râtelier, suivant les numéros, après cela, il enverra au bois et à la chandelle.

Que fera le commandant lorsque la garde sera rentrée?

Le commandant se fera répéter la consigne par le caporal de pose et les sentinelles.

Quels hommes de sa garde doit-il employer pour les ordonnances, rapports ou reconnaissances?

Il doit employer les hommes les plus instruits.

Comment doit se placer le commandant d'un poste lorsque la garde est sous les armes?

Si le commandant d'un poste est officier, il se placera à deux pas devant le centre de sa garde; mais s'il n'est que sergent ou caporal, il se placera à la droite.

Le commandant d'une garde peut-il quitter quelques parties de son équipement?

Le commandant d'une garde ne doit point quitter son épée ou son sabre, ni son hausse-col.

Quelles précautions doit-il prendre relativement aux hommes qui doivent aller en faction?

Il fera réveiller les hommes qui doivent aller en faction un quart d'heure d'avance; il se les fera représenter par le caporal de pose, et assignera à chacun sa place.

Il fera toujours placer les plus anciens soldats devant les armes et aux postes les plus exposés ou les plus essentiels; et si tous les postes sont également intéressants, il placera les recrues aux postes les plus à portée du corps-de-garde, afin de les surveiller plus aisément.

Doit-il se borner à ces indications?

Il tient encore la main à ce que les hommes qui vont en faction soient en bonne tenue, aient les armes chargées et bien amorcées.

Que doit-il faire lorsque les hommes reviennent de faction?

Il les examinera et se fera rendre compte de l'état dans lequel le caporal de pose aura trouvé le poste de chaque sentinelle; il les fera rentrer ensuite au corps-de-garde.

Comment devra-t-il exercer sa surveillance ?

Il fera faire de temps en temps l'appel de sa garde, et la fera sortir quelquefois avec ou sans armes, pour habituer les soldats à se former promptement.

Pourra-t-il ordonner des punitions ?

Le commandant d'une garde pourra punir les fautes légères par quelques heures de faction ou par les corvées de garde.

Il fera arrêter sur-le-champ l'homme de sa garde qui aura commis quelque faute grave. Il enverra de suite le rapport au commandant de la place et à celui de son corps.

Peut-il permettre aux hommes de s'absenter ?

Le commandant d'un poste ne permettra à aucun soldat de s'en absenter.

Que doit-il faire à l'égard des étrangers ?

Il empêchera les étrangers de boire et manger ou jouer au corps-de-garde.

Que fera le commandant d'un poste pour se procurer l'ordre ?

A l'heure indiquée, il fera chercher par son caporal de consigne l'ordre, la boîte et le registre des rondes.

Que doit-il faire après la retraite ?

Après la retraite, il fera mettre à sa garde les bonnets de police et poser les sentinelles de nuit.

Peut-il faire battre la caisse de nuit ?

Il ne fera battre la caisse de nuit que dans les cas d'alarme.

Que doit-il faire au point du jour ?

Au point du jour il fera rentrer les sentinelles de nuit ; et, à l'heure ordonnée, il enverra le rapport de ce qui s'est passé à son poste ; et, si ce rapport intéresse son corps, il en rendra compte à son chef.

Rendra-t-il compte de ce qui surviendra après le rapport du matin ?

S'il survient quelque chose à son poste, après le rapport du matin, il en rendra compte sur-le-champ.

Quelle mesure doit-il prendre en cas d'incendie ?

S'il éclate quelque incendie dans le voisinage de son poste, il y enverra un détachement de sa garde, et en instruira sur-le-champ le commandant de la place.

Des honneurs à rendre par les gardes.

Comment le commandant fera-t-il rendre les honneurs ?

Le commandant d'une garde lui fera prendre les armes pour les corps des autorités constituées, pour les généraux, les troupes armées ou les rassemblements considérables de personnes quelconques.

Prendre les armes n'est qu'une partie des honneurs à rendre, ne doit-il pas encore faire porter ou présenter les armes ?

Il fera présenter les armes et battre aux champs pour l'Empereur, les princes du sang, les maréchaux de France et les généraux en chef.

Que fera-t-il pour les lieutenants généraux ?

Il fera porter les armes et rappeler.

Que fera-t-il pour les maréchaux de camp et les autorités constituées ?

Il fera porter les armes, et le tambour sera prêt à battre.

Que fera-t-il encore pour le commandant d'armes ?

Il fera prendre les armes. Si ce commandant est officier général, la garde lui rendra les honneurs dus à son grade ; mais s'il a un grade inférieur à celui du maréchal de camp, la garde se reposera sous les armes.

Comment recevra-t-il les officiers supérieurs de visite ?

Pour les officiers supérieurs de visite de poste, le commandant d'une garde la fera reposer sur les armes, et attendra les ordres de l'officier de visite.

La garde doit-elle toujours porter les armes lorsqu'une troupe passe devant elle ?

L'article 84, titre 11 de l'Ordonnance du 1er mars 1768, veut que, lorsqu'une troupe entre dans une place, le commandant du poste de l'avancée tienne sa garde sous les armes jusqu'à ce que ladite troupe soit passée, et l'article 85 prescrit aux tambours et trompettes des troupes qui entrent dans une place, de même qu'aux tambours et trompettes des gardes devant lesquelles elles passent, de battre et sonner la marche, d'où suit naturellement l'obligation de prendre et de porter les armes, et de battre ou sonner la marche pour toutes troupes qui passent devant un poste.

Les gardes doivent-elles aussi porter les armes dans le cas d'attroupement ?

Les gardes ne prenant les armes dans le cas d'attroupement que pour leur propre sûreté, elles garderont l'arme au bras.

SERVICE DES PORTES.

Que doit faire le commandant de la garde à une porte ?

Il enverra le portier escorté de deux fusiliers, chercher les clefs, à l'heure qui sera indiquée par l'état-major de la place pour la fermeture des portes ; il enverra également à la barrière le caporal et deux hommes de l'avancée, ou si l'avancée est trop faible, un caporal et deux hommes de sa garde ; il fera monter le tambour sur le rempart et battre la retraite.

Lorsqu'il n'y a pas de portier d'établi, qui doit aller chercher les clefs ?

Dans les places où il n'y aura point de portiers établis, on enverra chercher les clefs par un fusilier de la garde sans armes, escorté par un autre armé.

Les clefs arrivant que doit-on faire ?

Le commandant de la garde lui fera prendre les armes, et attendra l'arrivée de l'officier de la place chargé du service des portes ; il fera balayer les ponts-levis.

L'officier de la place étant arrivé, comment formera-t-on la garde ?

Le commandant formera sa garde en double haie, à droite et à gauche sous la voûte de la porte, et lui fera présenter les armes.

Ne fournira-t-il personne à l'officier de la place ?

Il fera suivre l'officier de la place par le caporal de consigne avec un falot, ou, à défaut de caporal de consigne par un fusilier sans armes.

Il fournira le nombre d'hommes, sans armes, nécessaires pour fermer les portes, et il donnera à l'officier de la place deux fusiliers pour escorter les clefs. Pendant toute la durée de la fermeture des portes, le tambour battra aux champs sur le parapet du rempart.

Quelle mesure doit-on prendre lorsque le poste de l'avancée
doit se retirer la nuit ?

Si le poste de l'avancée doit se retirer la nuit, il suivra l'officier de la place à son retour, et le commandant de la garde lui assignera une place pour ses armes.

Que doit-on faire des clefs après la fermeture des portes ?

Les portes étant fermées, les clefs seront rapportées chez le commandant de la place, dans le même ordre qu'on les aura été chercher.

Les portes seront-elles ouvertes la nuit ?

Les portes ne seront ouvertes la nuit que par ordre du commandant de la place, et en présence de l'officier de la place. On en agira comme il sera dit ci-dessous pour l'ouverture des portes, mais sans faire battre la caisse.

Que doit-il faire au point du jour ?

Au point du jour, le commandant de la garde fera battre la diane sur le rempart, et renverra chercher les clefs comme il est dit ci-dessus ; puis il fera prendre les armes à sa garde, et enverra un caporal sur le rempart, pour découvrir ce qui se passe au dehors.

Comment procédera-t-on à l'ouverture des portes ?

L'officier de la place étant arrivé, il sera suivi par deux hommes escortant les clefs, par ceux destinés à faire la reconnaissance, par d'autres sans armes pour ouvrir les portes ; et par les postes de l'avancée, s'il s'est retiré la nuit.

A mesure qu'il aura passé un pont-levis ou une barrière, on relèvera les ponts-levis, et on refermera les barrières sur lui.

Quelle précaution doit-on prendre lorsqu'on arrive à la barrière extérieure ?

L'officier de la place, arrivé à la barrière extérieure, la fera ouvrir ; la reconnaissance sortira, puis la barrière sera refermée aussitôt. La reconnaissance faite, et le rapport parvenu au commandant de la garde, celui-ci fera ouvrir les portes, reconnaître les personnes en voiture qui se présenteront pour entrer, et sa garde restera sous les armes jusqu'à ce qu'elles aient passé.

Que doit faire le commandant du poste de la porte lorsqu'il n'y a point de poste à l'avancée.

Lorsqu'il n'y a point de poste à l'avancée, le commandant de celui de la porte y envoie, à l'ouverture des portes, un détachement de sa garde, avec l'officier de la place.

Comment agira-t-on s'il se présente des personnes pour entrer ou sortir à la première ouverture?

On ne leur permettra que sur un ordre du commandant de la place : et, à ce défaut, on obligera celles en dehors de se retirer à cent pas de la barrière, et celles du dedans, à trente pas du corps-de-garde.

Que doit faire le commandant de la garde après l'ouverture des portes?

Il fera relever les postes de la nuit, et exigera que les soldats soient bien tenus.

Quelle autre précaution doit-on prendre les jours de marché ou de brouillard?

On redoublera de précautions, et si le commandant le juge à propos, il tiendra la moitié de la garde sous les armes, et la moitié du poste de l'avancée à la barrière, jusqu'à ce que le brouillard soit dissipé, ou l'affluence diminuée.

Le cas d'alarme arrivant, que doit faire le commandant?

En cas d'alarme, le commandant d'une garde à une porte fera prendre les armes à sa troupe, fermera la barrière extérieure, et fera lever le premier pont-levis.

Que fera-t-il à l'égard des étrangers et des soldats voyageurs?

Il fera conduire tous les étrangers au corps-de-garde de la place par un fusilier, à moins qu'il n'y ait à la porte quelque préposé pour vérifier leurs passe-ports.

Il examinera les permissions et feuilles de route des soldats voyageurs, et fera conduire au corps-de-garde de la place ceux qui n'en auraient pas.

Comment agira-t-il envers les déserteurs étrangers ou de l'ennemi?

Il les fera conduire au corps-de-garde de la place.

Que doit faire le commandant si une voiture casse à la sortie d'une porte?

Si une voiture casse à la sortie d'une porte, le commandant prendra les précautions nécessaires pour la sûreté de la place, et pour maintenir une libre communication avec les sentinelles du dehors.

Il fera arrêter toutes les voitures venant du dedans et du dehors, et pourra, s'il le juge à propos, faire fermer la barrière extérieure, et mettre sa garde sous les armes.

FONCTIONS DES CAPORAUX.

Que doivent faire les caporaux désignés pour être de garde?

Le sergent ou un des caporaux devant être, dans la journée, de garde à un poste quelconque, se rendra, à l'heure indiquée, au lieu où l'on tire les postes.

Comment tire-t-on les postes au sort?

Tous les sous-officiers étant réunis, le moins ancien de grade du corps dont le numéro est le moins élevé, recevra dans son chapeau les billets portant chacun le nom d'un poste. Chacun en tirera un, en suivant les numéros des corps et l'ancienneté des sous-officiers dans le corps.

Les sous-officiers peuvent-ils changer de poste?

Chaque sous-officier gardera le poste qu'il aura tiré, sans pouvoir le changer, après avoir été inscrit sur le registre de service ; et, à son retour au quartier, il instruira le sergent-major de la compagnie du poste qui lui sera échu.

Que doit faire le sous-officier à la formation des postes ?

A la formation des postes au quartier, chaque sous-officier observera si l'adjudant lui donne le nombre d'hommes fixé pour celui dont il doit faire partie, et il se fera connaître à ses hommes, afin qu'ils le trouvent aisément après la parade.

Quels devoirs le caporal commandant une patrouille pour la police a-t-il à remplir?

Il arrêtera, sans distinction, toute personne, faisant du bruit, et la mènera au corps-de-garde de la place. Il arrêtera les soldats qu'il trouvera dans les rues, après la retraite et sans permission.

Quels sont également les devoirs d'un caporal de planton dans un hôpital ?

Il empêchera les infirmiers de soustraire de la viande de la marmite ou d'y ajouter de l'eau, et qu'aucun étranger n'introduise à manger dans les salles.

Un caporal d'ordonnance peut-il s'absenter de son poste?

Un caporal d'ordonnance ne s'absentera pas de son poste pendant toute la durée de son service.

S'il est envoyé quelque part, il portera son arme au bras droit; s'il rencontre un officier, il passera sans s'arrêter, mais en redressant son arme.

Un sous-officier peut-il changer son tour de service?

Un sous-officier ne pourra changer son tour de service ou se faire remplacer sans avoir prévenu son sergent-major.

Caporaux de consigne.

Comment désigne-t-on le caporal de consigne ?

Quand plusieurs caporaux seront de garde au même poste, le plus ancien sera caporal de consigne, et les autres caporaux de pose.

De quoi le caporal de consigne est-il chargé ?

Le caporal de consigne est chargé de la propreté du corps-de-garde, et il demeure responsable de tous les effets qu'il a trouvés.

Quels sont les effets qui doivent garnir un corps-de-garde ?

Un corps-de-garde doit être garni, savoir : d'une lanterne, d'un chandelier avec des mouchettes, de bancs, d'une table, d'une cruche à l'eau, d'un balai, d'une écritoire avec une plume, d'un fourneau ou poêle avec avec une pelle et des pinces à feu, d'un brancard, d'une hache et d'un tableau de consigne.

Le caporal de consigne est responsable de la conservation de tous ces objets, de celle des fenêtres, et de la propreté du poste.

De quoi le caporal de consigne est-il encore chargé ?

Le caporal de consigne est chargé de faire les reconnaissances, d'aller à l'ordre et au rapport. Il envoie au bois et à la chandelle, et fait tirer les soldats entre eux pour ces corvées ; lorsqu'il est de garde à une porte, il fait balayer les ponts-levis et éclairer l'officier de la place à la fermeture des portes.

Que fait-il à l'arrivée de la garde au corps-de-garde ?

Dès que la nouvelle garde est formée devant le corps-de-garde, et que ses armes sont chargées, il va faire la visite du corps-de-garde avec le caporal de l'ancienne garde, et il en rend compte à son commandant.

Quand et comment va-t-il à l'ordre ?

Quand il est temps d'aller à l'ordre, il en prévient le commandant de la garde, et se rend à la place d'armes, en portant l'arme au bras droit ; il se met dans le cercle, ôte son chapeau, reçoit l'ordre et le rend à celui qui est à sa gauche ; il retourne ensuite promptement à son poste et donne l'ordre à son commandant, en mettant l'arme au pied et ôtant son chapeau de la main gauche.

Nota. — Les militaires qui font usage du casque, du bonnet à poil et du shako, y portent seulement la main, sans se décoiffer.

Quelles sont ses fonctions aux gardes des portes ?

Il prévient le commandant une demi-heure après la cloche, de faire chercher les clefs, et il fait balayer les ponts-levis.

Que fait-il à l'ouverture des portes ?

A l'ouverture des portes, il va à la découverte avec quelques hommes pour observer s'il n'y a personne aux environs de la porte, dessous les ponts, enfin, s'il n'y a rien à craindre pour la sûreté de la place.

Quand et comment va-t-il au rapport le matin?

A huit heures et demie, il doit être rendu à l'endroit où, la veille, on a tiré les postes ; les sous-officiers chargés du rapport des postes étant réunis, le sergent de la garde de la place les conduit chez l'officier de la place chargé de cette partie du service : chacun d'eux lui remet la boîte, le registre des rondes et le rapport de son commandant : la boîte aux rondes et le registre visités, il les rapporte où il les a pris la veille, et retourne à son poste.

N'y a-t-il pas d'autre manière de remettre le rapport?

Dans les places où il est d'usage de faire le rapport légalement, ou de ne le faire qu'après la visite des boîtes et registres, on se conformera à cet usage.

Que doit faire le caporal de consigne lorsqu'une troupe se présentera pour entrer par une porte?

Lorsqu'une troupe se présentera pour entrer par une porte, la sentinelle extérieure ayant crié : *Halte-là! caporal, venez reconnaître!* celui-ci se portera avec deux factionnaires à trente pas en avant de la barrière, et commandera à ses deux fusiliers : *Apprêtez vos armes*, et il criera : *Qui vive?* Si la troupe répond : *France*, il lui demandera : *De quel corps?* La troupe ayant répondu, il criera : *Halte-là!* Il instruira le commandant du poste, et ne la laissera avancer qu'après en avoir reçu l'ordre de lui, à moins qu'il ne l'ait eu d'avance.

Cette troupe étant reconnue et en marche, comment se placera-t-il?

Il fera porter les armes à ses deux fusiliers, et ne rentrera qu'après qu'elle aura passée devant lui.

Comment le caporal doit-il agir lorsque la troupe refuse d'arrêter?

Si la troupe venant à la ville refusait d'arrêter, le caporal, après avoir crié : *Qui vive?* et trois fois *Halte-là!* et s'être assuré qu'un vent contraire ou bruit quelconque n'a pu empêcher la troupe arrivant d'entendre crier sur elle, ferait faire feu dessus, se retirerait derrière la barrière, la fermerait, et se placerait avec les deux fusiliers sur la banquette du chemin ouvert.

Caporaux de pose.

Quelle est la responsabilité du caporal de pose?

Le caporal de pose est responsable de la tenue et de l'exactitude des sentinelles, de la propreté de leurs postes, guérites et capotes.

Quand doit-il numéroter les hommes ?

La garde étant rendue à son poste, et rangée suivant sa force, sur un, deux ou trois rangs, et ses armes chargées, le caporal de pose numérotera les hommes.

Comment les numérotera-t-il ?

Si la garde est sur un rang, il numérotera les hommes, en allant de la droite à la gauche. Si elle est sur deux ou trois rangs, il numérotera les hommes de chaque file avant de passer au premier de la suivante. Ainsi, à une garde sur deux rangs, le premier homme de la première file aura n° 2 ; l'homme du second rang de la même file aura n° 1 ; le premier homme de la seconde file, n° 3, et le second de cette file, n° 4, ainsi de suite. Si la garde est sur trois rangs, le premier homme de la première file aura n° 1 ; celui du second rang, n° 2 ; celui du troisième, n° 3 ; le premier homme de la seconde file, n° 4 ; le second, n° 5, et le troisième n° 6.

Que fera-t-il après ce numérotage ?

Il fera ensuite avancer la première pose, la rangera, lui fera porter les armes et la présentera au commandant de la garde. Celui-ci ayant désigné la place de chacun, le caporal commandera *marche*, et suivra avec sa pose, le caporal de la vieille garde.

Comment le caporal de pose fera-t-il placer les armes de la garde ?

Toutes les sentinelles étant placées, et l'ancienne garde ayant défilé, le caporal de pose fera placer les armes dans l'ordre suivant :
Le sergent à la droite,
Les caporaux à la gauche,
Le sergent et les caporaux laisseront un intervalle entre leurs armes et celles des soldats.

Les soldats placeront les leurs suivant leurs numéros, en commençant par la droite.

Quand le caporal de pose appellera-t-il les hommes pour aller en faction ?

Le caporal de pose appellera, un quart-d'heure d'avance, les hommes qui doivent aller en faction ; à l'heure il les rangera, en fera l'inspection, leur fera porter les armes, et les présentera au commandant de la garde. Il commandera ensuite : *en avant, marche !* prendra son arme au bras droit, et les conduira chacun à son poste.

Que fera-t-il lorsqu'il y a moins de quatre sentinelles ?

S'il y a moins de quatre sentinelles à conduire en faction, il les placera sur un rang ; s'il y en a plus de trois et moins de sept, sur deux ; et au-dessus de six, sur trois rangs.

Dans quel ordre relèvera-t-il les sentinelles ?

Il relèvera d'abord la sentinelle devant les armes, et elle sera dispensée de le suivre. Il ira ensuite à la sentinelle la plus éloignée, et relèvera les autres en retournant à son poste.

Comment procèdera-t-il à cette opération ?

A six pas de la sentinelle qu'il va relever, il commandera : *Halte* à la petite troupe qui le suit, et ensuite : *Marche* au fusilier qui va entrer en faction ; quand celui-ci sera arrivé à un pas en face de la sentinelle, le caporal lui commandera : *Halte*, et puis aux deux fusiliers : *Présentez vos armes*. L'ancienne sentinelle donnera la consigne à la nouvelle, et puis le caporal commandera : *Portez vos armes et Marche* ; il répètera le commandement : *Marche* quand le soldat qu'il vient de relever arrivera à la hauteur des hommes qui étaient restés en arrière.

Quel examen doit-il faire lorsqu'il relève les sentinelles ?

Le caporal de pose examinera si les sentinelles qu'il relève n'ont pas mis des pierres ou de la paille dans leurs guérites ou à côté pour s'asseoir; si les fenêtres des guérites ne sont pas bouchées, si les sentinelles n'ont pas laissé faire d'ordures ou de dégradations aux environs de leur poste, et si elles n'ont pas déchiré leurs capotes.

Quelle attention doit-il avoir relativement à la transmission de la consigne ?

Les caporaux de pose feront toujours répéter par chaque sentinelle la consigne en entier, afin de s'assurer qu'elle n'en a rien oublié.

Que devra faire le caporal de pose lorsqu'il aura ramené au poste les anciennes sentinelles ?

Il les présentera au commandant de la garde, et lui rendra compte de sa tournée ; il leur fera ensuite présenter les armes, faire haut les armes et rompre les rangs ; il tiendra la main à ce que chacun mette son arme à sa place.

Que fera-t-il après la cloche des portes ?

Une demi-heure après la cloche des portes, le caporal de pose se portera avec deux hommes en avant de la barrière, afin d'examiner les passants.

Quand placera-t-il les sentinelles de nuit ?

Après la fermeture des portes, il va placer les sentinelles de nuit et doit redoubler de surveillance et d'activité.

Quand les retirera-t-il ?

Il ira retirer les sentinelles de nuit dès la pointe du jour.

Que fait-il lorsqu'il n'y a qu'un caporal aux portes ?

Il fait l'ouvrage des caporaux de pose et de consigne.

A quelles époques de la journée le commandant de l'avancée doit-il rendre compte de ce qui se passe ?

Le commandant de l'avancée doit rendre compte de deux en deux heures, au commandant de la garde de la porte.

Que fera un caporal chargé de conduire des hommes arrêtés ?

Un caporal chargé de conduire des hommes pris de vin ou arrêtés pour une cause quelconque, les fera entourer par quatre fusiliers, et marchera derrière eux afin de les mieux observer.

Que fera encore celui qui est envoyé à un incendie ?

Un caporal envoyé avec quelques hommes à un incendie, en éloignera tous les hommes oisifs, afin qu'ils n'embarrassent pas ceux qui travaillent.

Il fera en sorte d'y maintenir l'ordre, et se retirera à son poste quand les compagnies de grenadiers ou les piquets arriveront.

Lorsque le caporal commande le poste, comment doit-il envoyer à l'ordre et au rapport ?

Un caporal commandant un poste, ne devant pas le quitter, enverra un soldat à l'ordre et au rapport. Il pourra se faire aider, pour relever les sentinelles, par le plus ancien fusilier de sa garde : il placera son fusil à la droite, il doit d'ailleurs savoir tout le réglement concernant le service des places.

DES RONDES.

De quelle manière doit-on reconnaître les rondes?

La sentinelle devant les armes ayant crié : *Halte-là! Caporal venez reconnaître*, le caporal de consigne du poste se fera accompagner par un fusilier portant un falot, et se portera à la sentinelle; il se placera à la droite, le soldat avec le falot à la gauche; puis le caporal criera : *Qui vive?* la ronde ayant répondu : *Ronde major*, le caporal, s'il n'est pas chef du poste, criera : *Halte-là! chef du poste, venez reconnaître ronde major.*

Aussitôt le commandant du poste fera sortir sa garde, la formera dans l'ordre dans lequel elle a été disposée le jour, et se portera de sa personne quatre pas en avant, se faisant suivre par deux fusiliers; les fusiliers appréteront leurs armes, et il criera : *Avance à l'ordre.*

Il gardera son chapeau, mettra la main sur la poignée de son sabre ou de son épée, donnera le mot d'ordre à l'officier de ronde, et lui rendra compte de ce qu'il y aura de nouveau à son poste.

Que fait-on à l'égard des rondes de commandants et d'officiers supérieurs?

Les rondes de commandants et d'officiers supérieurs seront reconnues comme les rondes majors, excepté que, pour reconnaître la ronde de commandant, le chef de poste se portera à dix pas en avant, et se fera suivre par quatre fusiliers.

Si la ronde major se déclare plusieurs fois dans la nuit, comment sera-t-elle reconnue?

Elle ne sera reconnue la seconde fois et les suivantes que comme les rondes ordinaires.

Si un officier général inspecteur fait une ronde, comment sera-t-il reçu?

Il sera reçu comme les rondes de commandants.

Comment reconnaîtra-t-on une ronde ordinaire ?

Pour reconnaître une ronde ordinaire, le caporal, suivi d'un soldat avec un falot, étant arrivé à la sentinelle, criera : *Qui vive?* la ronde ayant répondu, il lui criera : *Avance à l'ordre!* ce qui indique que les rondes ordinaires donnent l'ordre au lieu de le recevoir.

Que doit empêcher le caporal de consigne?

Le caporal de consigne empêchera que les rondes ne laissent, sur le registre, de l'intervalle entre leurs signatures.

Quelles défenses lui sont-elles faites?

Il est défendu au caporal de consigne de porter le falot de la ronde, et d'apporter la boîte hors du corps-de-garde.

Que doit-on faire lorsque les deux rondes se rencontrent?

Une ronde en apercevant une autre, lui criera : *Qui vive ?* la seconde ayant répondu, la première fait à son tour connaître son grade, et celle qui a le grade le plus élevé crie à l'autre : *Avance à l'ordre !*

Que devrait-on observer si les deux rondes avaient le même grade ?

Si les deux rondes avaient le même grade, celle du corps dont le numéro serait le plus élevé donnerait l'ordre.

Comment les caporaux feront-ils leurs rondes ?

Les caporaux de ronde porteront leur falot. Ils suivront la banquette, afin de s'assurer que les sentinelles ne dorment pas ; ils écouteront de temps en temps, afin d'observer ce qui se passe dans les fossés ou hors de la ville.

Comment les caporaux de ronde donneront-ils le mot d'ordre ?

Les caporaux de ronde donneront l'ordre sans ôter leur chapeau, et en mettant la main sur la poignée de leur sabre.

Que fera une ronde lorsqu'elle remarquera quelque chose qui peut compromettre la sûreté de la place ?

Si une ronde remarque quelque chose qui puisse compromettre la sûreté de la place, elle en instruira le poste le plus voisin et le commandant de la place. Si ce qu'elle a observé n'est qu'une affaire de police, elle en instruira également le poste voisin, mais n'en rendra compte que le lendemain au major de la place.

Que fait-elle lorsqu'elle trouve une sentinelle en défaut ?

Si une ronde trouve une sentinelle en défaut, elle en avertira le commandant du poste.

DES PATROUILLES.

Comment les patrouilles seront-elles reconnues ?

Les patrouilles seront reconnues aux postes comme les rondes ordinaires ; le caporal qui les reconnaîtra ne laissera avancer, pour donner l'ordre, que le commandant de la patrouille, et tiendra le reste aussi éloigné que les localités le permettront.

Lorsque deux patrouilles se rencontreront, comment se donneront-elles l'ordre ?

Lorsque deux patrouilles se rencontreront, celle du corps dont le numéro est moins élevé recevra l'ordre.

DEVOIRS

DU SOLDAT EN SERVICE.

Quelle doit être la première occupation d'un soldat qui doit être de service dans
la journée ?

Ce sera de mettre ses armes en état, de nettoyer son fourniment et
d'ajuster de son mieux son habillement.

Quelle remarque doit-il faire à la formation des postes ?

A la formation des postes, il remarquera les officiers et sous-officiers
de celui dans lequel il aura été placé, afin de les retrouver promptement
après la parade.

Quand et comment le soldat doit-il se placer dans les rangs ?

Dès que l'adjudant aura marqué les postes, chaque soldat se mettra dans
le sien, au premier, second ou troisième rang, suivant son rang de taille.

Il prêtera attention quand l'adjudant marquera son peloton, et quand
le chef de son peloton marquera les sections.

Le soldat pourra-t-il s'absenter du poste ?

Rendu au poste, il ne s'en éloignera plus sans permission, rangera son
arme au râtelier, suivant son numéro qu'il devra se rappeler pendant la
durée de sa garde.

Que doit-il faire avant d'aller en faction ?

Avant d'aller en faction il examinera si son fusil est bien en état ; et
il se tiendra prêt un quart-d'heure d'avance pour ne pas se faire appeler
deux fois.

Comment devra-t-il se tenir lorsqu'on le mènera en faction ?

Quand le caporal le mènera en faction, il le suivra au pas, et portant
bien son arme ; il écoutera sa consigne avec attention.

Comment devra-t-il se placer lorsqu'il entrera en faction ?

La sentinelle qui entre en faction se placera face à face à celle qu'elle
relève.

Quelle règle la sentinelle observera-t-elle étant en faction ?

Arrivée en faction, elle se tiendra sur ses gardes, veillera à tout ce qu'on
lui aura recommandé, observera strictement toute sa consigne, et ne s'é-
loignera, dans aucun sens, à plus de vingt pas de son poste.

Quelles défenses sont faites aux sentinelles ?

Il est défendu à toute sentinelle de chanter, de fumer, de s'asseoir, de
parler à qui que ce soit sans nécessité, et de recevoir de l'argent. Il lui est
aussi défendu de ramasser des pierres ou de la paille pour s'y asseoir, et
de boucher les fenêtres de sa guérite.

Une sentinelle peut-elle quitter son poste ?

Une sentinelle ne quittera son poste sous aucun prétexte.

Peut-elle se laisser relever ou donner de nouvelle consigne ?

Elle ne se laissera relever ou donner de nouvelle consigne que par le caporal qui l'aura posée.

Elle ne se laissera arrêter que par ordre du commandant de la garde.

Peut-elle crier alerte ou arrête, quand il se fait du bruit à son poste ?

Une sentinelle ne doit, dans aucun cas, crier : *Alerte* ni *Arrête ;* elle fera parvenir l'avis de ce qui se passe à son poste par les sentinelles intermédiaires et en criant, suivant les circonstances : *A la garde* ou *Au feu.*

Que doit-on faire en cas d'incendie ?

Dès qu'une sentinelle apercevra un incendie, elle en avertira son poste.

Que fera-t-elle en cas de dispute ?

Une sentinelle empêchera les disputes, elle en arrêtera les auteurs, et appellera le caporal de la garde.

Que fera-t-elle également en cas de querelle dans son voisinage ?

S'il y a quelque querelle dans le voisinage d'une sentinelle, celle-ci se mettra en état de se défendre, criera : *A la garde,* et se maintiendra à son poste, à quelque prix que ce soit.

Quels honneurs une sentinelle devra-t-elle rendre ?

Une sentinelle présentera les armes aux autorités constituées en corps et en costume, aux généraux, commandants de place, et aux officiers supérieurs de son corps.

Elle portera les armes à tous les autres officiers décorés de leurs marques distinctives. Elle portera les armes, quand et pendant tout le temps qu'une troupe passera devant elle.

Quand et comment la sentinelle prendra-t-elle la position du salut
qu'elle doit rendre ?

Une sentinelle prendra la position du salut qu'elle doit rendre, lorsque la personne à qui elle le rend est arrivée à dix pas d'elle, et restera dans cette position jusqu'à ce qu'elle en soit dépassée de dix pas.

Elle observera d'avoir la tête tournée du côté d'où vient la personne qu'elle salue.

Comment les sentinelles se placeront-elles pour rendre le salut ?

Les sentinelles extérieures et celles postées sur le rempart feront face en dehors pour le salut.

Les sentinelles, dans l'intérieur de la ville, se placeront à côté de leur guérite.

Les sentinelles seront-elles libres de se reposer sous les armes ?

Il sera libre à toute sentinelle d'avoir l'arme au bras, au pied, ou sous le bras, dans le temps de pluie.

*Lorsque le mauvais temps les oblige à rester dans leur guérite,
comment saluent-elles?*

Lorsqu'une sentinelle est retenue dans sa guérite par le mauvais temps,
son salut se bornera à y rester fixe, ayant l'arme au pied.

Les sentinelles doivent-elles rendre des honneurs pendant la nuit?

Pendant la nuit, les sentinelles ne rendront plus d'honneurs qu'aux
rondes et aux patrouilles. Elles doivent cependant faire face aux officiers,
en prenant la position régulière de l'arme au bras.

Ne doivent-elles pas, pendant la nuit, se mettre sur leurs gardes?

C'est surtout la nuit que les sentinelles doivent être sur leurs gardes,
veiller à la sûreté de leur poste, au bon ordre et à la tranquillité publique.

Devront-elles se laisser approcher pendant la nuit?

La nuit, les sentinelles ne se laisseront approcher par personne; elles
feront passer les allants et venants du côté de la rue opposé à celui où
elles sont.

Comment se tiendront-elles dans les nuits pluvieuses?

Dans les nuits pluvieuses, les sentinelles pourront être dans leurs guérites; mais elles en sortiront pour les rondes et les patrouilles, et toutes
les fois que des hommes armés approcheront d'elles.

Que doivent-elles faire la nuit, lorsqu'elles voient venir quelqu'un?

La nuit, les sentinelles crieront d'une voix forte : *Qui vive?* à tous
ceux qu'elles verront venir, et elles ne laisseront passer personne sans que
l'on ait répondu de manière à se faire connaître. Lorsqu'une sentinelle
aura crié trois fois *Qui vive*, et que l'on continuera cependant de s'approcher d'elle sans répondre, elle criera : *Halte-là!* et avertissant qu'elle va
tirer. Si, malgré cet avertissement, on continue de s'avancer, elle tirera et
appellera *A la garde*; elle devra toutefois faire attention si quelque bruit
ou vent contraire n'empêche pas la personne qui arrive d'entendre sa voix.

*A quelle heure du jour la sentinelle reprend-elle l'action de rendre
les honneurs?*

Dès la pointe du jour, les sentinelles rendront les honneurs à qui elles
en doivent.

La sentinelle devant les armes laissera-t-elle approcher les étrangers?

La sentinelle devant les armes ne laissera approcher aucun étranger.

*Comment criera-t-elle pour faire sortir la garde ou pour faire prendre
les armes?*

Elle criera : *Hors la garde*, pour faire sortir la garde sans armes; et
aux armes, quand la garde devra prendre les armes.

*Que devra-t-elle faire lorsqu'une troupe ou un rassemblement s'approchera
du corps-de-garde?*

Toutes les fois qu'une troupe ou rassemblement de personnes s'approchera du corps-de-garde, la sentinelle devant les armes en avertira le
commandant de la garde : si cette troupe est armée, la sentinelle criera :
Aux armes!

Que devra-t elle également faire lorsqu'elle verra venir une ronde ou patrouille?

La sentinelle devant les armes, voyant venir une ronde ou patrouille, criera : *Halte-là ! caporal, venez reconnaître*; elle fera *haut les armes*, et empêchera la ronde ou patrouille d'avancer avant d'avoir été reconnue.

Les sentinelles isolées reconnaîtront-elles les rondes et les patrouilles ?

Les sentinelles isolées reconnaîtront les rondes et les patrouilles, de même que celles devant les armes, mais sans les faire arrêter, et elles leur rendront compte s'il y a quelque chose ou s'il n'y a rien de nouveau à leur poste.

Les sentinelles sur les remparts laisseront-elles monter sur les parapets?

Les sentinelles sur les remparts ne laisseront monter sur les parapets que les généraux, l'état-major de la place, et les officiers du génie et de l'artillerie.

La nuit, laisseront-elles également passer les officiers sur les remparts ?

La nuit, elles ne laisseront passer sur les remparts que les rondes et les patrouilles.

Les sentinelles aux arsenaux, magasins à poudre et autres établissements, laisseront-elles entrer toute personne qui se présentera?

Les sentinelles aux arsenaux, magasins à poudre et autres établissements militaires, n'y laisseront entrer personne sans qu'un des caporaux du poste ne vienne leur en donner l'ordre.

Quelle surveillance doivent exercer les sentinelles aux portes de la ville ?

Les sentinelles aux portes de la ville veilleront à ce que les ponts ne soient jamais embarrassés ; pour cet effet, lorsqu'une voiture se présentera pour entrer, la sentinelle de la barrière ou de l'avancée criera : *Arrête là-bas !* et la fera attendre jusqu'à ce que la sentinelle de la porte de la place ait répondu *Marche !* Cette dernière en fera autant si des voitures se présentent pour sortir.

Que doivent-elles faire relativement aux voitures et aux gens à cheval ?

Elles empêcheront les voitures et les gens à cheval d'arrêter, trotter ou de galoper sur les ponts.

Comment feront-elles ranger les voitures ?

Elles feront ranger en file les voitures arrêtées, à l'une des extrémités de la porte.

Que feraient-elles si une voiture venait à casser à la sortie?

Si une voiture vient à casser à la sortie, elles en préviendront le commandant de la garde.

Laisseront-elles passer les soldats ?

Elles ne laisseront passer aucun soldat, sans l'ordre du commandant de la garde.

Que fera la sentinelle de la barrière ou de l'avancée lorsqu'elle
découvrira une troupe ?

Dès que la sentinelle de la barrière ou de l'avancée découvrira une troupe, elle criera : *Aux armes! caporal, venez reconnaître !* et lorsqu'elle pourra se faire entendre de la troupe, elle lui criera : *Halte-là !*

Si cette troupe refusait d'arrêter jusqu'à l'arrivée du caporal, que ferait
la sentinelle ?

La sentinelle, après avoir crié trois fois : *Halte-là !* tirerait dessus, se retirerait derrière la barrière et fermerait, en observant toutefois s'il n'y a pas d'obstacles à ce qu'elle soit entendue.

Comment seront vêtus les hommes que le sort aura désignés pour aller au bois
et à la chandelle ?

Les hommes que le sort aura désignés pour aller au bois et à la chandelle, iront en bonnets de police et en vestes, si elles sont à manches ; mais ils garderont leurs gibernes pour faire voir qu'ils sont de service.

Que fera le soldat chargé de conduire des étrangers au corps-de-garde de la place ?

Il portera l'arme au bras droit, et fera marcher devant lui les hommes qu'il escorte.

Que fera-t-il lorsqu'il sera envoyé à l'ordre ?

Un soldat envoyé à l'ordre, ira à la place d'armes portant l'arme au bras droit, et recevra l'ordre dans le cercle ; de retour au poste, il mettra l'arme au pied, ôtera son chapeau de la main gauche et donnera l'ordre à voix basse au caporal.

Ecrira-t-il le mot d'ordre ?

Il n'écrira pas le mot d'ordre, et ne le donnera qu'au commandant de sa garde.

Que doit faire un soldat envoyé à un rapport ?

Un soldat envoyé à un rapport portera l'arme au bras droit, s'arrêtera à deux pas de la personne à laquelle il est envoyé, présentera les armes, et lui fera son rapport ; s'il a quelque chose par écrit à lui remettre, il le donnera de la main droite, tenant son arme présentée de la main gauche. Son rapport fait, il reportera son arme au bras droit, fera demi-tour à droite et retournera à son poste.

Que fera le soldat envoyé à l'ordre ou au rapport lorsqu'il rencontrera un officier ?

Il redressera son arme et passera sans s'arrêter.

Que feront les deux soldats chargés d'escorter le concierge pour chercher les clefs ?

Ils le feront marcher entre eux, et porteront l'arme au bras.

DES MARQUES EXTÉRIEURES DE RESPECT.

Pourquoi demande-t-on, dans le militaire, des marques extérieures de respect ?

Parce que le respect est inséparable de la subordination et de la discipline, et que le bon soldat, le brave militaire est toujours respectueux envers ses supérieurs. Il sait qu'il leur est redevable des soins nombreux qui assurent sa gloire et son bien-être, et que c'est s'honorer soi-même que d'honorer les chefs auxquels on obéit. Son respect ne doit donc pas se borner à l'obéissance qu'exige le service, mais il doit encore se manifester en toute circonstance et sous tous les rapports.

Quelle gradation observe-t-on relativement aux marques de respect ?

Tout militaire, depuis le simple soldat jusqu'au grade le plus élevé, doit, en toute occasion et en tous lieux, le respect aux grades qui lui sont supérieurs. Le grade inférieur prévient toujours le grade supérieur par le salut d'usage.

Le supérieur doit-il rendre le salut ?

Le supérieur doit rendre le salut. Entre égaux, le salut donné et rendu honore réciproquement et annonce de la politesse et de la cordialité.

En quoi consiste le salut de la part des officiers ?

Le salut, de la part des officiers, consiste à porter la main au schako, ou à se découvrir s'ils sont coiffés d'un chapeau ou d'un bonnet de police. Ils ne se recouvrent que les derniers quand ils rencontrent ou abordent un officier supérieur.

Comment les adjudants sous-officiers et les sous-officiers saluent-ils ?

Les adjudants sous-officiers et les sous-officiers saluent sans s'arrêter, en portant également la main au schako. S'ils sont coiffés d'un chapeau ou d'un bonnet de police, ils l'ôtent, le tiennent abattu du côté droit, sans faire aucune inclination, ni de corps, ni de tête.

Comment les caporaux et soldats saluent-ils ?

Tout caporal ou soldat qui rencontre un officier général ou le commandant de la place, le colonel ou lieutenant-colonel, quand il commande le régiment, doit s'arrêter, faire front, se placer comme sous les armes, et rester dans cette position jusqu'à ce que l'officier général ou supérieur qu'il salue soit passé ; cette forme ayant à la fois pour objet de lui faire honneur et de se soumettre à son inspection.

Il salue sans s'arrêter, et en portant la main droite au schako, bonnet ou chapeau, tout autre officier, soit du régiment, soit d'autres corps, de l'état-major général ou des places, intendants militaires, sous-intendants militaires, officiers de santé, etc.

Les sous-officiers et soldats doivent-ils se décoiffer pour saluer lorsqu'ils sont dans les réunions publiques ?

Tout sous-officier ou soldat coiffé d'un bonnet de police ou d'un chapeau, doit l'ôter et le tenir à la main en parlant à un officier.

On n'ôte le bonnet de peau d'ours, le casque ou le schako, dans aucun cas, soit dans une chambre, soit au dehors : on y porte la main, et on la laisse dans cette position jusqu'à ce que l'officier invite à la retirer. Mais lorsque les militaires sont à l'église, au théâtre ou en tout autre lieu public, ils doivent, s'ils n'y sont pas de service, se découvrir comme tous les autres spectateurs, quelque coiffure qu'ils aient.

Que doivent faire les sous-officiers et soldats qui sont assis ?

Tout sous-officier ou soldat qui se trouve assis, doit se lever pour saluer un officier ; si, étant arrêté, quelqu'un d'un grade supérieur passe à sa portée, il est de la bienséance de se tourner de son côté pour le saluer.

Le salut doit-il se renouveler lorsque les supérieurs et les inférieurs restent dans le même lieu ?

Le salut ne se renouvelle plus lorsque les supérieurs et les inférieurs restent dans le même lieu ; par exemple, dans une promenade publique, sur le terrain d'une revue, etc.

De quelle manière les officiers généraux, les intendants militaires, le colonel, les officiers supérieurs et autres du régiment, doivent-ils être reçus dans les chambrées lorsqu'ils viennent les visiter ?

Les sous-officiers reçoivent dans la chambrée les officiers généraux, l'intendant ou sous-intendant militaire, et les officiers supérieurs du régiment, en se plaçant sur un rang, gardant entre eux assez de distance pour ne pas se gêner réciproquement, eu égard à leur situation respective en cet instant, et observant le silence ; ils posent la main au schako, ou se découvrent s'ils ont un chapeau ou un bonnet de police.

Ils reçoivent les autres officiers en saluant seulement comme il vient d'être dit : en s'abstenant devant eux des soins dont ils s'occupaient avant leur arrivée, à moins qu'on ne leur dise de continuer.

Les soldats se lèvent, se découvrent s'ils sont en bonnet de police, gardent le silence et l'immobilité : si c'est un officier supérieur, ils se placent au pied de leurs lits. Le caporal veille à ce que cela s'exécute, et suit l'officier pour recevoir ses observations et ses ordres.

Doit-on le salut à d'autres personnes qu'à celles indiquées ci-dessus?

Les personnes qui occupent des places éminentes, telles que les sénateurs, les conseillers d'Etat, les membres de la Chambre des députés, les préfets, les maires, etc., ont droit au respect des troupes ; il convient donc de leur rendre les honneurs du salut, lorsque leur costume ou l'habitude de les voir les fait reconnaître.

Il est des occasions où l'urbanité réclame, en quelque sorte, les mêmes égards pour d'autres personnes; c'est ce qui est remis au jugement du militaire, à qui il suffit de rappeler, sur ce point, qu'une politesse ne compromet jamais la dignité de celui qui la fait; qu'au contraire, elle donne une opinion favorable de ses mœurs, de son caractère et du corps auquel il appartient ; et qu'enfin, c'est à cette courtoisie, qui le distingue autant que sa bravoure, que le soldat français est redevable de la haute réputation dont il jouit chez tous les peuples.

FIN.

Lorient. — Typ. V. Auger, rue du Port, 100.